災害支援ハンドブック——宗教者の実践とその協働　目　次

総　論……………………………………………………………………………養輪顕量・稲場圭信　3
一　はじめに　3
二　フェーズ　5
三　今後に向けて――宗教の社会貢献と公益性　12
四　おわりに　13

第一部　東日本大震災で起こったこと　15

はじめに―宗教団体による災害支援に期待すること………………………渥美公秀　17
一　はじめに　17
二　宗教団体VGの「強み」　18
三　宗教団体VGに期待すること　20

お寺は心のよりどころ―福島県からの避難者一時受け入れを通じて……鈴木悦朗　23
一　福島県からの震災避難者一時受け入れまでの経緯　24
二　避難所としての運営　25
三　避難所としての役割を終えて　28

被災地のまつり復興に向けて…………………………………………………阿部明徳　31
一　震災直後の支援記録　31

二　おまつりの復興　36
足湯隊見聞録……辻　雅榮　39
一　高野山足湯隊　39
二　心に同調する香り　40
三　活動を振り返って　41
四　仮設住宅のジレンマ、そして……　43
五　おわりに　45
福島と生きる……山本真理子　47
一　原発事故直後の保育園　47
二　子ども保養プロジェクト　49
三　福島の未来に向けて　51
一被災者として……藤波祥子　53
一　八重垣神社鎮座地・宮城県亘理郡山元町の被災状況　53
二　繰り返される津波の歴史　54
三　津波被災者のたくましさ　55
四　お祭りの復活　57
五　移転とコミュニティの問題　58

六　「ありがたい」という言葉　60

苦悩を抱える人々と共にいるということ……金沢　豊　62

一　はじめに　62
二　整理のつかない思いに会う　63
三　訪問活動の特徴　64
四　変わらない不安と苦悩　66
五　宗教者の役割　67
六　おわりに　68

被災地に心の栄養を――シャンティの移動図書館活動……茅野俊幸　69

一　「現地に寄り添う」ボランティア　69
二　行政との連携　70
三　シャンティ国際ボランティア会の活動――移動図書館　71
四　コミュニティ再生の課題　73

東日本大震災被災地での支援活動を振り返って……大滝晃史　75
――連合組織としての多様性と柔軟性

一　初動期における各教団の対応と連合体としての課題　75
二　連合体ならではの活動――日常的なつながりの重要性　77

三　多様性と柔軟性を活かしたボランティア活動の展開　78
四　宗教者としての視座に立った伴走者的支援　80
WCRP日本委員会の東日本大震災への取り組み……篠原祥哲　82
一　WCRPとは　82
二　災害支援におけるWCRPの特徴　83
三　緊急支援活動　83
四　復興支援活動　84
五　震災復興キャンペーン　86
六　考察　86
東日本大震災以後における全国浄土宗青年会の活動について……東海林良昌　90
一　全国浄土宗青年会の活動　90
二　写真型仏壇の配布と「ともいきカフェ」　94
三　おわりに　95
震災で起きたこと……久間泰弘　97
一　はじめに　97
二　震災当初（二〇一一年三月～二〇一一年六月）　98
三　震災初年度（二〇一一年六月～二〇一二年三月）　100

四　震災二年目から現在（二〇一二年三月～二〇一六年一月）　101
五　震災三年目から四年目（二〇一三年～二〇一四年）　103
六　まとめ――震災五年を迎えて　104

災害支援担当者への申し送り……西川勢二　106

一　はじめに　106
二　震災を振り返る　107
三　まず歴史を知って　108
四　教団の特徴を自覚して　109
五　それぞれを担う皆さんへ――ＳｅＲＶへの申し送り　110
六　これからの課題　112

おわりに……蓑輪顕量　113

一　犠牲者の問題　113
二　緊急避難所の問題　114
三　仮設住宅・復興住宅への移転問題　116
四　生活の再建と精神的支援　117
五　原発問題　118
六　おわりに――災害時の判断と配慮　119

第二部　東日本大震災から考える　121

第一章　支援を支える信仰とその支援の内容を考える……蓑輪顕量　123
　――仏教を一例として

一　はじめに　123
二　支援の精神的な背景　124
三　苦難を前にして　125
四　教学も無力ではない　127
五　傾聴は宗教者支援の最初　128
六　信仰と救いの手立て　129
七　支援者自身の心のケア　131
八　おわりに　132

第二章　災害と心のケア　135

第一節　災害時の心のケア……井上ウィマラ　135
　――東日本大震災復興支援から学んでいること

一　はじめに　135
二　複雑性悲嘆という視点から　136

三　あいまいな喪失という視点から　138
四　レジリエンスという視点から　139
五　復興支援と心のケアのプロセス　140
六　津波復興太鼓　143
七　黒子に徹する支援を　144
八　おわりに　144
第二節　どのような「心のケア」をどう提供するか……葛西賢太　147
一　「心のケア」の必要性を推し量る　147
二　アルコール関連問題というバロメータ　148
三　「吐き出して楽になる」という考え方の見直し　150
四　サイコロジカル・ファーストエイドの登場と意義　150
五　おわりに　152
第三章　宗教施設は避難場所になりうるか……稲場圭信　155
——行政との連携と災害救援マップ
一　はじめに　155
二　宗教施設と自治体との協力の実態　156
三　宗教施設との災害協定の実態　158

四　災害協定の締結時期と理由　162
五　未来共生災害救援マップ　165
六　おわりに――今後の課題　167

第四章　「信教の自由と政教分離原則」再考
――東日本大震災の経験を通して……大石　眞　171
一　はじめに　171
二　東日本大震災の憲法問題　172
三　教会・国家関係と「政教分離」像　174
四　フランスの政教分離原則　177
五　信教の自由と通俗的な「政教分離」観からの転換　184
六　おわりに　189

第五章　原発被災者への支援――被災地の宗教者を中心に……島薗　進　191
一　原発被災者の苦難に寄り添う　191
二　被災地の宗教施設を拠点にした支援　192
三　曹洞宗の若手僧侶の災害支援　193
四　原発被災地の困難　194
五　地域社会の分断と寺院の役割　196

六　子どもたちの被ばくへの配慮　197
七　避難生活の辛さ難しさ　198
八　放射能が生み出す分断と対立　200
九　苦難を通して培われた深み　201

第三部　今後への提言——宗援連の経験から　205

第一章　来るべき災害への備え……稲場圭信　207
一　はじめに　207
二　自治体との災害時協力と協定　208
三　災害にそなえて備蓄　209
四　「防災と宗教」行動指針　210
五　おわりに　213

第二章　防災と宗教……稲場圭信・黒﨑浩行　217
——第三回国連防災世界会議における宗教
一　はじめに　217
二　国連防災世界会議　217
三　宗教関係のシンポジウム　218

四　「仙台防災枠組 2015-2030」　219
五　「防災と宗教」シンポジウム　221
第三章　宗教者と研究者の新たな連携
――東日本大震災支援活動が拓いた地平　……島薗　進　225
一　はじめに　225
二　慰霊と追悼のエージェントとしての再認識　226
三　身を寄せる場としての宗教施設　227
四　さまざまな宗教者のさまざまな支援活動　228
五　宗教・宗派を超えて　229
六　「心の相談室」の新しさ　230
七　岡部健医師の貢献　231
八　仏教と看取りの医療　232
九　在宅の看取りの重要性　233
一〇　「お迎え現象」の研究　234
一一　闇へ下りていくという感覚　235
一二　「臨床宗教師」の構想　236

第四章　宗援連の歩み …… 黒﨑浩行　241
一　発足の経緯　241
二　発足〜第一回情報交換会　242
三　被災者の心のケア――精神保健との知見の共有　244
四　宗援連発の提案と行動　245
報告者一覧　249
あとがき　253

災害支援ハンドブック——宗教者の実践とその協働

総　論

蓑輪顕量・稲場圭信

一　はじめに

本書の狙い

東日本大震災から五年が過ぎた。この間に起きた人々の意識の変化には大きなものがある。阪神淡路大震災の時にも宗教者の支援はなされていたが、マスコミに大きく報道されることはなかった。ところが今回の大震災では、宗教者の支援がしばしば注目され、また社会的にも少しずつ認知されるようになった。これは、今まで蓋をするように触れられてこなかった部分に、ようやく人々が目を向けるようになったことを意味する。それでも、宗教者の支援に対して、大きな壁が立ちはだかったことも否めない。例えば、津波で亡くなった身元不明の方々を見送ろうとした読経ボランティアに対する行政の拒絶は、その最初に直面した壁であった。避難所が開設されたときに、多くの宗教施設が自主的に避難所として宗教施設を提供したが、行政との関わりの中で、支援物資の配布などにおいても支障が生じた。彼らは、それらの壁をどのように乗り越えたのであろうか。被災地にもともと住んでいた宗教者、また被災地に入った支援の宗教者は、多くの苦悩の中で、それぞれの状況に応じ、解決の糸口を自らの力で見つけだしていった。

実は、支援を通じて、多くの宗教者の方々が得た智慧は、今後のさまざまな災害に立ち向かう時に大きな力になるものである。決して個人の財産として埋もれさせてよいものではない。宗教者の方々が得られた現場の体験の智慧を、情報交換会の中で聞き、多くのことを啓発されたのであるが、そのような体験の智慧を、今後の参考に資するため何かに残そうとのことが提案された。幸いに春秋社の賛同を受けることができ、その結果として結実したものが本書である。本書は、宗教者災害支援連絡会（宗援連）の活動の記録として、かつ未来へ向けた災害の備えになってくれることを念願して編集された。

さて、災害が起きると、その支援は直後から始まる。被災地の現場の、その時々のニーズに合わせて、迅速に動くことが必要である。また、そのような支援のためには、日頃からの活動が大切である。結局、災害に対する支援は、宗教者にとっても、日頃からの備えが、とても重要であることが改めて認識された。

支援は一般のＮＧＯやＮＰＯ、そして個人のレベルでも行われたが、それらの組織や個人と、宗教者との連携が模索され、可能になりつつあるところも、今回の被災地支援の特徴であり、また今後、注目される点である。

本書の構成

本書の構成は、第一部、第二部と第三部の三つに分けられる。まず第一部は、現場からの報告を、実際の活動を行ってきている方々にまとめていただいた。支援を行っている渦中でのお願いに、とまどったかもしれないが、快くご協力くださった方々に感謝する。

さて、その第一部は、災害が起きたときに、時間の経過に合わせて実際にどのように活動したのかを中心に記してもらったものである。宗教者は何に気を付け、どのように対処していくことが望まれているのか、現場の人たちの実際の経験を述べていただき、そこから得られた智慧をなるべく明瞭に書いていただいた。その智慧の内容は、リード文を参考に、読者が各自で読み取っていただければと思っている。

第二部は、宗援連に関わった研究者の方々が、それぞれの視点からまとめられたものである。宗援連の中で顕在化し、意識化されてきた問題は、ぜひ今後に共有したいものである。この章は、研究者の方々が自らの関心に従ってまとめたものであり、また未来への提言も含まれている部分である。

第三部は、今後の災害に備える提言と、宗援連の記録になる部分である。

本書は、通して読んでいただけるとありがたいが、気になったところから読み始められても一向にかまわない。本書が、今後の活動に対する一助になり、災害支援に対する、それぞれの心構えを築くものになってくれれば、これ以上の幸いはない。

二　フェーズ

フェーズ1・2における被災地での宗教の力

災害社会学などの先行研究（例えば西山［二〇〇五］）によると、復興のプロセスはフェーズにわけて整理されることが多い。また、これは支援組織の運営上とても有意義である。東日本大震災における被災地でのさまざまな聞き取り調査のデータをもとに、ここでは、東日本大震災の復興へのプロセスを以下のように整理して考えることにする。

フェーズ1「緊急救援期（〜一週間）」、フェーズ2「避難救援期（〜三ヶ月）」、フェーズ3「復旧期（〜一年）」、フェーズ4「復興準備期（〜三年）」、フェーズ5「復興・生活再建期（三年〜）」。

被災地での宗教者による活動については、続く第一部に詳述されているが、主な内容は、炊き出し、給水、物資仕分け・配送、泥上げ、重機を使っての瓦礫・廃材撤去、足湯、義援金・支援金、弔い、孤立集落への訪問支援、御用聞き、傾聴活動、心のケア、除染作業、保養プログラムなど多岐にわたる。フェーズを超えて継続される活動もあれば、フェーズの変化とともに、活動内容が移行することもある。

フェーズ1の「緊急救援期（〜一週間）」では、人命救助、緊急避難、物資供給が重要な取り組みである。フェーズ2の「避難救援期（〜三ヶ月）」は、避難所での支援、物資供給が主な取り組みとなる。

二〇一一年三月一一日、東日本を襲った巨大地震の直後に対策本部を立ち上げた教団もある。そして、迅速に現地へ先遣隊を送った。宗教界全体が迅速に安否確認・救援活動へと動いた。地震当日、関東では帰宅困難となった人々の避難宿泊場所として一般に開放した宗教施設もある。大地震と津波により、多くの人が亡くなった。建築物も被害が大きかった。流出・全壊の建物は一三万戸近くに上る。約一万ヶ所の寺社・教会・宗教施設が被害を受けた。

津波を逃れて多くの人が避難したのは指定避難所になっていた公民館や学校ばかりではない。宗教施設にも多くの人が逃げた。宗教施設に避難した人々は、公民館や学校の体育館とは異なり、畳や広く暖かい空間があり助かったという。被災地での寺社・教会・宗教施設は緊急避難所になり、三〇〇人以上が三ヶ月を過ごした寺院もある。そして、檀家・氏子・信者や寺社・教会・宗教施設に集った人たち、数万人が支えあったのである。また、寺社・教会・宗教施設はボランティア活動の拠点にもなった。

寺社・教会・宗教施設には、「資源力」(広い空間と畳などの被災者を受け入れる場と、備蓄米・食糧・水といった物)があった。檀家、氏子、信者の「人的力」があり、助け合い、支援活動が行われた。そして、祈り、人々の心に安寧を与える「宗教力」があった。寺社・教会・宗教施設で避難生活を送った人たちは祈るなどの宗教行為を強制されたのではなく、自然と祈りたくなった人たちがいたのである。

気仙沼市の高台のある神社も緊急避難所となった。宮司によると、震災当日は、街から神社へ続く三つの登り口から避難者が駆け上がり、一二〇人程度が避難したという。地震直後、神社から浜のほうを見て「津波が来る」と宮司は思った。家の壊れるバキバキという音と天井裏の埃が噴き出す光景の凄さに圧倒された。しかし、以前から避難訓練をしていたため、当日も奥さんと協力し誘導など対応をした。氏子青年会の人たちは、年三、四回ある祭りの準備で炊き出しなどにも慣れていて、発電機を持ってきて電気を通したり、LPガスを拾ってきたり、建設会社に勤めている人が仮設トイレを持ってきたりした。若者は外にテントを張っての生活で、年配の人は拝殿の隣にある社務所の広間で寝泊まりをした。この神社は指定避難所ではないので、行政などから支援がなかなか来なかったが、食料はお祭りのお供え物の米や、三月一三日に予定されていた祈年祭の準備に作っていた煮しめなどで、数日はまかなうことができた。

大槌町のある寺院は、震災前から避難所に指定されていた。年に一回、三月に小・中・高校、婦人会、消防団などと合同で避難訓練を行っている。避難訓練を行ってはいたが、今回の震災は想定を超えるものだった。本寺院は指定避難所として日頃から避難訓練の場所になっていたため、地震発生後すぐに二〇〇人ほどが避難してきた。バーベキュー用の炭を用いて火を起こし、暖を取ったり炊き出しをしたりした。二〇〇キログラムほどあった備蓄米を使って炊き出しを行った。一八日目で道路が開通して以降、遺骨がどんどん運ばれてきた。岩手では火葬できなかったので、東京など県外で火葬をすませたものが、あっという間に四〇

○柱ほど集まった。

被災地の外から被災地に救援に向かった宗教者、宗教団体もさまざまな活動を展開した。フェーズ1では、帰宅困難者の受け入れ、対策本部の設置、救援物資供給、炊き出しなど多岐にわたる。阪神淡路大震災、あるいはそれ以前からの経験の蓄積がある教団もあり、初動は迅速であった。フェーズ2においても、瓦礫撤去、片付け、足湯、仮設トイレの掃除、読経、追悼とさまざまな活動をした。

被災地に支援に入った宗教者の活動に、布教に来たのではないかという見方もなかったわけではない。事実、一部の宗教団体は布教の機会ととらえて、支援活動と布教活動をセットで展開しようとしたところもある。しかし、現実は受け入れられていない。そして、多くの宗教者・宗教団体が布教活動は一切しないという方針で、救援活動・支援活動に徹した。そのような宗教者の姿勢が被災者に受け入れられ、また、他の支援組織もそのことを理解しており、連携の輪が広がった。フェーズ1の緊急救援期、フェーズ2の避難救援期に被災地の宗教と外から支援に入った宗教は大きな力を発揮したのである。

フェーズ3・4における宗教者の関わり

仮設住宅ができ、避難所の被災者が移動するフェーズ3になると、ボランティアの数も減っていったが、宗教者たちの活動は続いた。仮設住宅での生活支援、傾聴ボランティアなどである。次第に心のケアの重要性が指摘されてきた。

フェーズ3の「復旧期（〜一年）」では、仮設住宅での生活支援、寄り添い支援、心のケアが重要となってくる。そして、フェーズ4の「復興準備期（〜二年）」では、フェーズ3の取り組みに加えて、生活再建に向けての支援も必要となってくる。

ここで被災地のある住職を取り上げたい。この住職の寺院の本堂は津波で流出した。しかし、それでも、檀家、地域の人を励まし、助け合いの避難生活を送った。フェーズ2の時期、震災から四九日目に檀信徒の葬儀を住職は他の僧侶と一緒に執行した。フェーズ3の夏、行方不明者の葬儀が続いた。新盆前に供養したいという被災者の思いである。住職は連日葬儀を執り行った。そして、フェーズ4の時期に入っても、住職は、被災地で檀家とともに復興にむけて取り組んでいる。しかし、その住職は、被災した宗教者へのケアがない、宗教者を助けてくれる人がいない、津波が来たところに住み続けることは精神的な負担となっているという。住職は、気丈に過ごしているつもりでも動揺していた。視覚を含めて、さまざまな感覚が鈍っており、今も、精神安定剤をとる日々が続いている。

宗教者による支援の情報は、さまざまに共有され、連携の輪も広がった。しかし、一方で、被災地で取り残され、苦悩している宗教者もいる。フェーズ4の復興準備期になり、電気などのインフラは復旧してきているが、生活支援を含めて、心の面でのケアも大切である。

「心のケア」と称してカウンセラーが被災地を回るが、被災者は、毎回入れ替わる担当者に同じ話を何度もしなければならない。「また来ますと言って、同じ人が来たためしがない」と被災者は言う。心だけを切り取ったケアは成り立たない。一方、何でも屋、御用聞き、土台のお手伝いなどをする宗教者たちに信頼を寄せる被災者もいる。悲しみに打ちひしがれ、苦しみを背負ってどうにか生きている人たちへの共感によるつながり「共感縁」に基づいた「寄り添いのケア」をする宗教者たちが、さまざまな縁を喪失した人たちの生きる歩みの伴走者になっている。

震災後を避難所でともに生き抜いた人たちは、仮設住宅への入居と同時にバラバラになるケースも多い。そこに、宗教者が丁寧にニーズを聞き、支援を続けている。寺院での花見なども、三ヶ月の間、ともに苦しみを分かち合い、生き延びた後にバラバラに仮設住宅へ入居しなければならなかった人たちが、再会を願って僧侶に依頼して実現したものである。被災者の声をもとにした、寄り添い支援の取り組みである。

大震災から一年、寄り添い支援を続ける宗教者

二〇一二年三月一一日、宮城県気仙沼市。震災から一年が経っても、いまだに瓦礫の山、半壊の家などが残り、大災害の爪痕が消えていない。被災地で復興における地域格差が生まれている。一年という節目の日、各地で大きな追悼法要もあったが、ある仮設住宅では、五〇人ほどの小規模な法要が営まれた。そこでの被災者と宗教者、ボランティアの交流は心のこもったものだった。

仮設住宅でのボランティアは、社会福祉協議会、ボランティア・センターを通して行う場合が多い。しかし、仮設住宅の入居者は、毎回、違う人が来るよりも、関係ができた人に来てほしい。ボランティア・センターを通さずに、直接的に被災者と交流し、継続的な心のこもった温かい寄り添いをしている宗教者が被災地にいる。

岩手県のある仮設住宅では、ある女性が「「津波てんでんこ」（津波の時はてんでんこ（ばらばら）でもそれぞれが全力で逃げなさい、という意味の言い伝え）は、生き残った人たちへの慰めの言葉。皆てんでんこに逃げていない。家族を心配し、戻って津波にさらわれた人もいる。そして、いろいろな事情の中で、避難してきた人がいる。助けられなかった、助けられた、そういった思いを抱えながら生きていく」と語っていた。仮設住宅でこのような思いを持ちながら生活する被災者に継続して寄り添う宗教者がいる。震災後、避難所に、そして、被災者が仮設住宅に入居してからは仮設住宅に通い続けている。孤立集落へも寄り添い支援が行われている。

フェーズ5「復興・生活再建期（二年〜）」――心のケア

震災で肉親や知人を失った被災者たちの思いは、決して消えることがない。そのような思いに寄り添ってくれる宗教者の役割は大きい。また生活復興や生活の再建が具体的になってくると、個人の経済力や置かれている立場によって、再建の速度に差異が発生してくる。そのなかで自分と他人とを比べ、なぜ私のところは遅いのだろう、自分の力で再建できるだろうか、など、後から後から悩みや不安が生まれてくる。あるいは、自分だけ取り残されたように感じ、孤立感にさいなまれ、自殺念慮に悩まされる人が増える。自分を責め、自己嫌悪に陥り、うつを発病し、自殺が心配されるのも、この時期である。

一方、原発による放射能汚染地域においては、生まれ育った場所での再建ができず、復興、生活再建も大きな壁として立ちはだかる。また、隣の道路の地区までは補償が高いのにこちら側は……などといったような不公平感も生じ、そこから、恨み、ねたみ、そねみなど、人間のマイナスの心情が表面に表れ、地域の精神的な紐帯が細ってしまう場合も起きている。通常の災害とは異なった、二重、三重の苦しみの側面が原発災害にはあることを忘れてはいけない。

この時期の「心のケア」は、もっとも宗教者がふさわしく、また求められるところである。被災者の方々には、身近な人々の死に対する思い、漠然とした不安感、他者に対するそねみやねたみなどのマイナスの感情とも無縁ではいられない。このような状況の時、「寄り添い」から始まり、「傾聴」、そして、「解決への糸口の提供」という支援の流れが想定できる。

さて、これらの心の問題に、宗教者が対応するのにふさわしいと思われる理由は、いくつか挙げられる。まず、一般のボランティアとは異なり、宗教者の方たちは、継続的な支援が可能であるということが、第一に挙げられる。地縁的な関わりがあって、災害以前から継続的に接してきている場合は、なおさらよい。そうでなくても、頻繁に通うことができる宗教者は、よく被災者の心に寄り添うことが可能である。

つぎに、宗教者は知らず知らずのうちに、伝統的なケアの術に触れる経験をしていることもある。意識するしないにかかわらず、心の働きを自覚する機会は多いと思われ、また自ら体験している場合が多いからである。あれこれと悩み、その思いに支配されるのは人の常であるが、心に生じたものに支配されている状態から、脱却するためのお手伝いをするのは、宗教者にとって大事な役目である。このように、具体的な悩み苦しみからの解放の手立てを、身近なところにいる宗教者が、継続的に提供することが重要となってくる。

三　今後に向けて――宗教の社会貢献と公益性

地域防災に宗教施設が貢献している。宗教施設と行政の災害時協力の関係が全国で広がりを見せている。以前は、宗教団体から防災協定の取り組みを自治体に働きかけても自治体は尻込みをしていた。しかし、連携すれば、多くの被災者を救える。そのためには、水や食料の備えや、建物が壊れた時の補償などをしっかり定める必要がある。

行政、自治体、他の民間支援組織と宗教施設の連携の動きは、今後、ますます広がっていくであろう。しかし、災害時の協定が市町村と宗教施設で結ばれたとしても、それだけでは機能しない。日頃からの取り組みが大切である。被災地で緊急避難所、活動拠点として機能した宗教施設の多くが、日頃から開かれた宗教施設として地域社会にあったものである。宗教者が、平常時から自治体の町づくり協議会や社会福祉課、防災課と連携しているところは災害で連携の力を発揮した。平常時においても地域に開かれた宗教施設として、どのようにしていくかが課題である。

同じ地域の宗教施設の協力・連携も必要である。例えば、複数の宗教施設で相談して、備蓄食料・水の消費期限を一年ごとにずらすように設定し、期限が来ればフードバンクなど反貧困に取り組んでいるＮＰＯなどへ寄付し、また新しい水や食料を購入するなどの連携である。大災害が起きれば、連携して、水や食料の融通をし、また外部から救援に入る宗教者、ＮＧＯ、さまざまなセクターは、本書でも紹介している未来共生災害救援マップのデータをもとに、食料の状況や救援活動の拠点情報を把握し、連携しながら救援活動を行う。このような仕組み作りは、いざという時の善意の心による取り組みと同様に大切な備えであろう。

四　おわりに

信仰に基づき継続する支援の姿勢が被災者たちの心にも響き、お互いの信頼関係が築かれていることが、宗教者災害支援連絡会の情報交換会の報告や被災地でのフィールドワークから感じられる。世の中の多くの人が知らないでいるが、宗教者、そして宗教団体は、さまざまな支援活動を継続している。

災害時に、寺社・教会・宗教施設は緊急避難所・活動拠点としての場の力を発揮した。そして、精神面で心の支えとなる力も示した。多くの宗教者・宗教団体が布教活動は一切しないという方針で、救援活動・支援活動に徹した。そのような宗教者の姿勢が被災者に受け入れられた。さらに集いの場づくりとしてのカフェやイベントや福島の子どもたちの保養プログラムなども実施されている。宗教界は、この大震災への取り組みを通して、超宗派の連携、宗教者らしい支援のあり方、心のケアのあり方などを模索している。

その支援活動は被災の最初期から継続し、息の長い活動であることに特徴が認められる。それは、生身の被災者に寄り添い、時には被災者のさまざまな心の叫びを受け止める活動（傾聴）になった。そして、心のレジリエンスを回復する手立てを、いつの間にか宗教者自らが、誰にでもわかる自分の言葉と後ろ姿をもって示すこともあった。

一方で、情報の共有や活動の連携などの課題も明らかになった。復興にむけて息の長い関わりと、今後の大災害への備えとしてのプラットフォーム作りの必要性が浮き彫りになった。祭り、現代版寺子屋などに加え、NPOやボーイスカウトなど、さまざまな社会的アクターと連携した地域ぐるみの取り組み、防災の取り組みが、宗教を地域に開かれたものとしていく。宗教がソーシャル・キャピタルの源泉として社会に寄与できるのではないか。

〈付記〉

本章で紹介する事例データおよび記述の一部は、以下の一部を大幅に加筆修正したものである。稲場圭信「総説　震災復興に宗教は何ができたのか」（稲場圭信・黒崎浩行編著『震災復興と宗教』明石書店、二〇一三年）。

〈参考文献〉

稲場圭信「総説　震災復興に宗教は何ができたのか」（稲場圭信・黒崎浩行編著『震災復興と宗教』（叢書　宗教とソーシャル・キャピタル　第四巻）明石書店、二〇一三年）
西山志保『ボランティア活動の論理』（東信堂、二〇〇五年）

第一部　東日本大震災で起こったこと

はじめに――宗教団体による災害支援に期待すること

渥美公秀

一　はじめに

これまで、災害ボランティア活動に注目する研究者として、また、同時に、災害ＮＰＯのメンバーとして、国内外の災害救援、復興支援の現場に携わってきた。もちろん、現場に行く学術的な理由や災害ＮＰＯとしての使命はある。しかし、その根底には、自分自身が、あの日、阪神・淡路大震災に遭い、生かされ、そして、全国の皆さまに助けていただいてきたという「想い」がある。現場に行くと、被災された方々お一人お一人に一人の人間として接することがもっとも大切だと感じる。そうしていると、災害というあまりにも悲しい出来事を前にした人々の「想い」がひしひしと肌で感じられる。私が現場に通うのは、そこにあの日からの自分自身が重なるからかもしれない。

二　宗教団体ＶＧの「強み」

現場に身を置いていると、実にさまざまな方々と巡りあう。中には、宗教団体が結成するグループ（以下では、宗教団体ボランティアグループとして「宗教団体ＶＧ」と記す）がある。もちろん、信仰心に基づく活動であるから、その具体的な内容や姿勢に団体間の違いは見られるとしても、被災された方々に寄り添い、その安寧を願う想いは深いと感じる。だから、人々の「想い」に惹かれて現場に参加する私自身には、とても心地よい活動を展開されているように見える。ここでは、信仰そのものに触れることはせず、宗教団体ＶＧの強みと思えることを三点に絞り、一般的に整理しておきたい。

まず第一に、宗教団体ＶＧには、複層的なネットワークによる活動の広がりが見られる。宗教団体ＶＧには、専従職員もおられるが、多くの方々が、本職を別に持ちながら、その宗教団体に所属され、宗教団体ＶＧのメンバーとして活動されている。その結果、本職で培ったネットワークと、宗教団体を通して形成しておられるネットワークが複層的に存在する。つまり、重機を扱える人、大人数に対し食事の準備ができる人、救援物資の整理ができる人、会計処理ができる人など、多様な職種の方々が、本職のネットワークと宗教団体のネットワークを通じて、多様な活動を展開される。このことが、救援活動の多様性と信頼性を生み出し、現場に即効性のある活動をもたらしている。

第二に、宗教団体ＶＧには、平常時の活動から、さまざまなノウハウの蓄積と活動を真摯に振り返る姿勢が見られる。宗教団体ＶＧに所属されている方々による平常時の活動は、信仰に基づくものである。例えば、地域の清掃活動や交通安全活動といった社会活動や、人が嫌がることから取り組むといった活動への姿勢が、信仰のもとに平常時から行われている。

そして、活動が終われば、それが信仰にしっかりと位置づいているかといったことを、自省したり、あるいは、集団で振り返ったりされている。このことは、救援現場での活動をスムーズ、かつ、広がりをもって進めるのに役立っているようであるし、日々、改善されていく可能性を秘めている。例えば、災害直後の避難所では、いつもトイレの問題が生じる。トイレの数や設置場所といった問題もあるが、突然の集団生活で、誰が掃除をするのかということも話題になる。実は、まずトイレ掃除から始めるという宗教団体ＶＧがある。私は、そのことが信仰のどの部分にどのように関わっているのかは深く理解していないが、そうした活動が実に自然にスムーズに行われている。

また、活動後に必ず集まって活動の振り返りをされている宗教団体ＶＧもある。そこでは、その日の出来事を振り返り、信仰に照らして深めておられるのであろう。避難所のトイレ掃除をするボランティア団体や、振り返りを重視するボランティアグループは、宗教団体ＶＧ以外にももちろんあるが、これらを実に自然にこなしておられる姿に宗教団体ＶＧの強みがあるように思う。

最後に、宗教団体ＶＧには、動員力という強みがある。その宗教を信仰する人々の数、宗教団体に集まる資金などを考慮すれば、当然でもある。ただ、具体的な場面について考えると、この当然にも思えることが実に力強く、被災された方々のサポートになっていることがわかる。

例えば、兵庫県佐用町で水害が発生した際、私の関わる災害ＮＰＯは、社会福祉協議会とともにボランティアバスを運行し、多くの災害ボランティアとともに床上、床下に入り込んだ泥を出し、水に浸かってしまった家具を運び出す作業を行った。各家のことは、こうして対応できたが、道路にかき出した泥を片付けるには重機とさらに多くの人手が必要であった。行政には、まだ十分に対応する余裕がない時期だと判断したので、ある宗教団体ＶＧに連絡してお願いしたところ、上に挙げた第一、第二の強みを活かして、迅速かつ丁寧にかき出した泥を片付けてくださり、家も、通りも一気に復旧に向けて動き出した。

その結果、浸水に呆然とされていた住民の皆さんの顔に、さらに片付けていこうという表情が漲ったのはとても印象的な出来事であった。確かに、動員力、資金力などと言えば、身も蓋もないが、それを背景に持つ宗教団体ＶＧが、いわば、頼りになる団体ＶＧであることは確かである。

三　宗教団体ＶＧに期待すること

ここでは、私自身が関わってきた被災地を念頭に置きながら、宗教団体ＶＧに二つのことを期待したい。まず、活動の深化を期待したい。もちろん、すでに深い想いを込めて活動されていることは上で示した通りである。ただ、災害ボランティア活動は、多様であって、新たな活動も生まれてくるから、他の団体の活動から学べることは多い。そこで、災害ボランティア活動に関わる団体は、お互いにネットワークを組んで情報交換や体験の交流をしていたりする。

例えば、私の関わる災害ＮＰＯが事務局を務める「全国災害救援ネットワーク（J-Net）」は、その一つである。設立当初から、二つの宗教団体が加盟してくださっている。度重なる災害で、現場に行くことが多くなっている宗教団体ＶＧは、こうしたネットワークに加盟して、他の非宗教団体と災害救援に関する情報交換をしておいてはどうであろうか？　J-Net の場合、加盟団体が結束して救援活動を行うことはあえてしないことになっている。無論、連携しながら活動することはあるが、活動に参加するかどうか、また、どのような活動に取り組むかといったことは、それぞれの加盟団体が独自に決定する。だから、このネットワークに加盟すれば、一緒に救援活動に参加できるというわけではない。事後に、活動の振り返りをお互いに行うことで、それぞれの活動を高め、深めていこうとするものである。

海外では、全米災害救援ボランティア機構（National Volunteer Organizations Active in Disaster: NVOAD）があり、加盟団体の多くはキリスト教系の宗教団体VGで、その年次大会では情報共有や新しい情報の学習などが行われている。こういう仕組みであれば、それぞれ宗教団体VGの信仰に基づく独自性は保てるし、活動そのものが他団体に拘束されることなく、さらに、事後の交流を通して、活動の検証や深化を進めていけると思われる。

次に、現在のところ宗教団体VGには、あまり見られない活動に取り組まれることを期待したい。具体的には、復興支援活動と地域防災活動である。上述のように平常時の社会活動に取り組む宗教団体であれば、災害救援場面だけでなく、長期にわたる復興支援活動に何らかのかたちで取り組めないだろうか？　通常、復興は長期にわたり、災害直後の活動とは質的にも量的にも異なる支援・交流が必要になる。具体的には、被災地の文化や伝統に配慮し、被災した住民がその地域に住み続ける誇りを再生していく過程である。ここに宗教団体VGの強みを活かせるのではないかと期待する。

また、次の災害に備える地域防災活動への取り組みはどうだろうか？　地域に根付いた宗教団体VGだからこそ、宗教的な活動を介在させるかどうかは別途判断することとしても、地域住民とともに防災に取り組めるのではなかろうか？　例えば、寺社を避難所の一つとして想定している自治体が多くなっていることやそこに緊急時の物資が備蓄されている現状を思えば、地域住民とともに防災活動を展開するにはあと一歩のところまで近づいているように思われる。こうした活動に取り組む際にも前述したネットワークにおける他団体との交流が糧となるだろう。

国内外で災害が頻発している。また、被災地では、復興に向かいつつも、決して楽ではない生活が続いている。お互いを理解し支え合っていく社会へと向かっていく際、宗教団体ＶＧの果たす役割は大きいと考えている。

災害は突然にやってくる。その時に備えて、普段から行政や町の人々とのお付き合いと準備がいかに大切か。東漸寺における支援活動は、震災直後の最良の例であるが、その背後に存在する、普段の活動の大切さを読み取ってほしい。

プロフィール

すずき・えつろう　一九五七年東京都生まれ。大正大学大学院修士課程修了。現在、東漸寺住職・東漸寺幼稚園園長。お寺と小学校を中心にしたまちづくり運動を開始、さらに地域の活性化のために「小金の街をよくする会」を設立し、行政との連携を図る。東日本大震災にあたっては、松戸市と連携し、いちはやく避難者を受け入れ、数多くの寺院、全国のロータリークラブなど多くの支援を受けた。

お寺は心のよりどころ——福島県からの避難者一時受け入れを通じて

鈴木悦朗

私が住職をしている東漸寺では、ご高承のように、松戸市役所と連携して避難生活を強いられている皆さまの少しでもお役に立てるように、二〇一一年三月一六日より福島県より避難してきている二五名の方々の滞在を引き受けました。

一　福島県からの震災避難者一時受け入れまでの経緯

三月一一日、三陸沖を震源とするマグニチュード九を記録する本震が発生した午後二時四六分、松戸市の指定避難所となっている東漸寺には、地域の住民五〇人くらいの方々が避難してきました。そのうち、七名の方々が「住職さん、泊めてください！　怖くて帰れないんです」と訴え、電車の不通で帰宅困難となった幼稚園職員二名とともにお寺に泊め、朝食も一緒に取りました。翌日の午後には帰りましたが、「このご恩は一生忘れません」というお礼のことばに、「心のよりどころ」としてのお寺の役割が果たせたと感じさせられました。

その後、大震災・大規模な津波・原子力発電所の事故が重なり、史上まれに見る苦難が今日本に降りかかり、この災害で水もない食糧もないガソリンもない東北地方から数万の避難者が南へ西へ移動していること、国から地方自治体に避難場所の確保が要請されるものの、なかなか確保できない現状をニュースで知りました。

この史上まれに見る国の苦難にお寺の住職として何か役に立つことができないだろうかと考えておりました。コンビニは全国四万件に対し、お寺は全国で八万件あり、多くのお寺には行事用、法事用に広い和室があります。これを困っている人の寝泊まりに利用してもらえば、テレビで見る数百人を収容している居心地の悪い体育館と違い、どれだけの被災者が救われるかと、日本だからお寺だからできる支援を想像していました。

翌々日、松戸市役所に原発事故の脅威から避難する福島県民が多く詰めかけている実態を知り、松戸市長に、もし困っているのだったら、一一日の本震の時の経験から寝具と食糧を行政で用意してくれれば、東漸寺で引き受ける旨を伝えました。

その後、松戸市の部局と打ち合わせをし、

①収容可能人数は三〇名。

②期間は四月一八日までの約一ヶ月。

③寝具は松戸市で手配。午前八時三〇分から午後五時まで二名の行政職員の配置。

④アルファ米とペットボトルのお茶の供給。

⑤すべての避難者の放射能チェックを松戸市が行ってから避難所に護送。

⑥松戸市から一日一回保健婦巡回。

などの事項が決まりました。

三月一五日には、一六日より受け入れをお願いする連絡があり、一六日午後一時より、松戸市より、寝具・アルファ米・お茶が届き、午後四時に当初の二一名を引き受けました。

二　避難所としての運営

はじめての出会いの中で、皆、緊張した面持ち。最初に施設の案内をしたのち、ブリーフィングをし、まず三班に分け、班長を決めました。その後、下記事項を伝えました。

①夕飯は午後六時半、朝食は午前八時半、消灯は午後一〇時。

②本日と明朝の食事は寺で用意するが、その後は、お寺で調達した食材を自分たちで調理し、配膳、後片

付けをすること。

③お寺なので午前六時半から「朝のおつとめ」があるが参列していただいてもかまわない。

④昼食は基本的に自分たちで街の食堂やお弁当を買うなどしてほしい。

⑤お風呂は妊婦さん以外は、銭湯に行くこと。

⑥洗濯はコインランドリーに行くこと。

最初の夕飯はアルファ米でおにぎりをつくり、お寺にあったもので味噌汁をつくり、「食前のことば」を称えて、皆でいただきました。寺庭からこれでは栄養不足になり、長期間は耐えられないとの声に、檀家や私の主宰しているまちづくりの会のメンバーに夜遅くでしたが、おかずになるものを持ってきてほしいと頼みました。またロータリークラブのメーリングリストでも、当時不足していた米や缶詰、カップ麺、生理用品、おむつ、トイレットペーパー等をお願いしました。

被災者への伝言板

翌朝から、農家からは野菜、パン屋さんからパン、檀家さんからは卵焼きを焼いて持ってきてくれるなど、続々とさまざまな物資が届き始めました。普段からまちづくりの会でご一緒しているメンバーも運営面において助けてくれました。

噂を聞いてボランティアも集まりはじめ、まず銭湯やコインランドリー、食堂などの場所をわかりやすくした地図づくりからはじまりました。ボランティアから義援金を集めたほうがいいという意見があり、募金箱も設置し、お寺の掲示板に「福島県からの被災者が東漸寺にいます」と掲示しました。その頃から支援物資の問い合わせやボランティアの申し込みが相次ぎ、新聞、テレビ等の取材も受けました。一八日には、メディアに報道されることによって、何が不足しているかの問い合わせが相次ぎ、食事サービスや美容室や学習指導、ヨガやマッサージ、マンション無償提供の情報や食材等が大量に届き、さらに支援の輪が広がっていきました（この日には小名浜から自転車で避難してきた方を含め、さらに四人増え二五名となりました）。

以後、皆の善意をどう生かすかを考え、避難者たちの週間予定をコーディネートしたり、四月一日が予定日の妊婦さんを抱えたご家庭、原発から二〇キロ圏内から避難してきたご家庭の仮住まいの場所の選定と、生活用品の調達等の支援にシフトしていきました。

三月二八日には、妊婦さんを抱えたご家庭の契約も終えて、新生児用品や生活用品もある程度揃いました。夕食後、そのご家庭から相談があり、「住職さんに名付け親になってほしい」と言われて、とても嬉しく感じました。

三月三一日、班長をしていた方が、お仕事の都合で四月一日にいわき市に帰ることになり、夕食後、支援物資でいただいたビール等で送別会を開き、一緒に飲んだりもしました。

予定日の四月一日早朝、妊婦さんに陣痛があり、松戸市立病院に入院。午前九時三六分無事三三六七グラムの元気な男の子が生まれました。名前を「篤志」と名付けました。このご家庭は東漸寺の近くのマンションに仮住まいをし、小学四年生と中学三年生のお子さんはお寺の近くの学校に通い、今でも土曜日・日曜日には朝のおつとめや夕方五時の鐘突に来ています。

四月四日には、原発から二〇キロ圏内から避難してきたご家庭の仮住まいの場所も東漸寺の近くに決まりました。このご家庭は近くの仮住まいのアパートに移って、今でも朝のおつとめや庭掃除に来てくれています。最後に残ったご家庭もいわき市の水道、電気等のライフラインが回復したという友人からの情報を受けて帰ることになり、四月一七日には、全員無事に送り出すことができました。

三　避難所としての役割を終えて

避難所期間中、地域を中心に、一〇〇〇人を超える皆さまより、多くの支援物資や支援金、食材提供、さまざまなお店からの無償サービスが寄せられました。さらに「何かお役に立てることはないでしょうか」とお問い合わせいただいたボランティアの方々も六〇名を超え、多くの人々の善意に触れ、避難者たちとの思いやりのある共同生活に、心が洗われる思いでした。また、多くのマスコミで報道されたせいか全国三七件のお寺から、うちのお寺でも同じようにしたいが、どうすればよいかという問い合わせがありました。

以前から数年来まちおこし運動をしていて、今の若い世代には「利他」の心がないのかと思いこんでいた私には、見返りを求めない利他の心を持って、これだけの学生を中心とするボランティアが、自発的に毎日のように集まってくれたことは、まさに「一切衆生　悉有仏性」を体感させていただく経験でした。

自分自身としては、上から目線、自己満足の支援に陥らずに、支援される側も支援する側も「共に生きる」という観点で、被災者が自分の力でまた一歩踏み出すお手伝いを心がけました。

ロータリーの国際奉仕委員長でプロジェクト選定で心がけてきた下記の「四つのテスト」や「四弘誓願」の「衆生無辺誓願度」は、支援を実践する上で常に心にありました。

四つのテスト

言行はこれに照らしてから
一　真実かどうか
二　みんなに公平か
三　好意と友情を深めるか
四　みんなのためになるかどうか

被災者の中には、多くの人々が亡くなって自分たちだけがこのような天国みたいな生活を送っていていいのだろうかという罪の意識を吐露することもありました。

恐怖や不安、罪の意識を感じている方々の最終的な拠り所は、宗派は関係なくやはり宗教だと思います。朝のおつとめで毎日祈る。食前のことば。法話を聞く。作務をする。語り合う。癒しの風景。笑顔。ありがとう。おかげさま。共に生きる―助け合い生かし合う。

コンビニより多くあるお寺あるいは神社がそれぞれのできる範囲の方法で精一杯一隅を照らしていけば、それは大きな救いになります。……周囲にどんなに愚かだ無駄だと笑われようとも、また逆にすばらしいことだと称賛されようとも、その評価に一喜一憂することなく仏道を言葉だけではなく実践し続けていくことが大切ではないでしょうか。

避難所としての役割を終えて、近くのアパートに住んだ方やいわきに帰った方から、「朝の読経を一緒に称えたことは、私たちの心を癒し、また知らないご家族やボランティアの方々とのコミュニケーションのよいきっかけとなりました。せっかくですから地域の方にも毎日の朝のおつとめを公開したほうがいいのではないでしょうか」との声をいただきました。さっそくお寺の入り口に張り紙をしたところ、最初は二、三人でしたが、今では、週末になると多くの方々がお参りに来ており、東日本大震災で犠牲になった方々にも、毎日祈りを捧げております。

神道青年会の会長、ＯＢとして、これまで何度も被災現場の緊急支援に駆けつけてきた。後方支援者の思いを被災地につなぎ、被災地自らのまつり復興を支えることが、継続的な協力関係に必要だと訴える。

プロフィール

あべ・あきのり　一九五四年東京都生まれ。一九七八年國學院大學文学部神道科明階課程修了。一九九五年神道青年全国協議会阪神淡路大震災対策本部副本部長として復興支援を担当。その後、東京都神社庁理事（二期）、東京上野ロータリークラブ会長などを歴任。東日本大震災の支援活動にあたっては、多くの神社関係者の協力の下、個人で活動している。

被災地のまつり復興に向けて

阿部明徳

一　震災直後の支援記録

東日本大震災の当日には、帰宅困難者に社務所を開放して食事を提供し、四〇名の方が宿泊しました。そして二日後には支援物資を積み、職員など三名を被災地に派遣しました。

災害時に必要なのはスピードと情報の共有です。三月二二日から三一日にかけて、活動の現場から仲間に向けて発信したメールを抜粋して紹介します。

三月二二日（火）

唐桑半島（気仙沼と陸前高田の中間）の先端では、まだ、電気の復旧がいつになるかわからない状態です。被災者の方から、

「日が落ちると真っ暗になってしまうのでロウソクがほしい」

と言われたそうです。まだ、余震が続いています。ロウソクでは心配です。LEDライト（懐中電灯より明るいものがあります）と大量の単三電池が有効だと思います。

同じ地区で、当社が箱買いした野菜類が喜ばれています。住民のお婆さんに新玉ネギ（生でも食べられる）を一つ渡したところ、神さまのように拝まれたので、大根も渡したら大根を抱きしめ涙を流したそうです。

こんな情報も……。五〇〇人の避難所に二〇〇〇枚以上の毛布が届きました。米が山積みになっています。

神社は全国どこの町にもあり、若手神職の会である「神道青年全国協議会三千二百八十五名」ならびに、阪神淡路大震災の折に活躍したOBたちのネットワークを利用して現地の声を聞き、上記のようなロスのないよう努力しています。

前記のような電気がないところには連絡がつかず、被災地に入らないと情報が入りません。

唐桑半島にはもう一度行かねばなりません。次回LEDライトと電池・野菜等を積んで……。

三月二三日（水）

気仙沼の八幡神社に避難していた約六〇人が二日位前に小学校の避難所に移られました。

八幡神社に物資が届いたという情報を聞きつけた何人かが、明かりのない険しい夜道を長時間かけ歩いてきました。泥だらけでずぶ濡れの靴をはいた子供のお母さんは、

「家が流されて衣服も何もありません。子供の靴はありませんか？」

残念ながら子供用の靴はありませんでした……。

他の何人かは「何か食べるものはありませんか？」

人数分の食料を差し上げ、残りの食料とロウソクは「困っている人に差し上げてください」と八幡神社に託しました。

私たちは、極力、被災地域の神社名を名乗り、不明な場合は「全国の神社からの支援物資です」と言って届け続けています。

当日の気仙沼は氷点下、目の前に凍えている子供たちがいます。何ヶ所かに物資を降ろした後だったので、トラックの中にもう寒さを凌ぐための物資はありません。

自分が着ているジャンパーを子供たちに渡そうとすると、シャツ一枚になった私を見て、

「いいんです。いいんです。寒いですから着ていてください！」

と気を使ってくれました。涙が出ました。ジャンパーはそっと置いてきました……。

震災から一二日が経過した今、いまだ明かりも食料も衣服も不足している地域があります。「絶対にまた来ますから！」と約束しました。

三月二五日（金）

今日は、南三陸方面と石巻方面に分かれ、三台で物資を搬入しています。ここでは、まだ捜索作業が続けられています。

震災から二週間が経過しましたが、公共から提供される避難所（石巻）の九時の朝食はパンひとつです。そして、次の配給は午後四時の夕食なのです。たまに来てくれるボランティアの炊き出しが喜ばれています。

何日か前の政府発表では、ガソリンの供給は充分と報道されていました。東北自動車道も一般車両通行可能になりました。それはよいことなのですが、一般車車両もＳＡで給油できるため、緊急車両も長時間並ばないと給油できません。

また、ガソリンを入れるためだけに高速に入ってくる車両もあります。仙台市内でさえ同じ状況です。仙台市内のガソリンスタンドで、緊急車両優先に給油してくれるガソリンスタンドの店員が、並んでいる一般車の客にバットで殴られているのを見ました（仙台市内、三月三〇日朝八時、ガソリンスタンドに二キロの列ができていました）。

政府や道路公団には現場が見えないようです……。

三月二七日（日）

石巻には他からもかなり物資が届き始めたので、ここ三日間は、物資を満載に積み込み、仙台から南三陸・気仙沼方面へ向かっています。三陸自動車道が一般車にも開放されたため、そこから被災地に向かう一般道は大渋滞。日曜日なので、被災地にいる親戚や知人を迎えにいく人の車が多いです。被害が酷い被災地に近づくと緊急車両のみ通行可となります。

積載物資の関係もあり、一〇〇人以下の物資の行き届いていない避難所を連日回り続けています。南三陸町の避難所になっている小学校に行きました。食料が不足していると言うので食料を渡し、大量の子供用の靴を受け取りました。その避難所には子供が何人もいなかったからです。

さらに北上し、気仙沼市本吉町に行くと被災地の子供たちに車を囲まれました。

「寒いんです！　着るものも靴も足りないんです！」

「お爺ちゃんが風邪をひいて寝ているんです。毛布はありませんか？」

さっきの子供用の靴が役に立ちました。衣類・靴・毛布を渡したが、毛布がもっとほしいと言います。もう荷台には毛布がありません……。南三陸の小学校の避難所に毛布が大量に余っていたのを思い出しました。仲間の一台は、毛布等を取りにいきました。往復一時間半かけて……。

避難所にも電気が通り始めた所があります。電気がつけば電池・ロウソクは不要になります。私たちは、避難所に足りない物資を届け、余っている物資をもらい、不足している避難所に届けています。車とガソリンと緊急車両の通行証さえあれば、このような物物交換で役に立てるのです。大きな避難所でも同じ現象が起きていますが、私たちでは対応しきれません。震災からすでに一六日が経過しました。こんな状態がいつまで続くのでしょうか……。

三月三一日（木）
昨日、本日と石巻・女川・牡鹿半島の神社と避難所を回っています。ここは、ライフラインがすべて断たれている牡鹿半島先端の避難所のひとつです。

LEDライト・食料・水・衣類等を渡すと、老婆が泣き崩れました。

「孫も友達も家もみーんな津波に飲み込まれた。道路も崩れ、ずーっと支援が来なかった。海の近くの人たちは着の身着のままで高台の家に避難し、その家の食べ物を分け合った。何日かすると食べる物が底を突いた。腹が減って津波の時に流されてきた物を拾って食べた……戦時中より酷かった……。」

返す言葉が見つかりませんでした……。

宮城県護国神社には、たいへんお世話になりました。この護国神社を拠点に神社や避難所を回りました。護国神社は県内各所に遺族会の支部を持っているため、県内の被災地の情報が入ってくるのです。

東京と被災地をいくたびも往復し、運んだ食料や衣料の支援物資は一九トンを超え、それ以外にも企業の協力を得て二〇トンの水や二万個のLEDライトを手配しましたが、支援物資については四月初めにやっと一段落しました。

二　おまつりの復興

トラックで被災地の神社や避難所に支援物資を配っている時、お社《やしろ》も流され、食べる物もないのに、その場にお賽銭が上がっていたり、お米やお塩などのお供え物がしてある光景を目にしました。そして、こういう時こそ、地域の人たちの心の拠り所となりうる社が必要だと感じ、いずれは小さな仮社殿を建てようと思っていました。

続いて四月からは、全国の神職仲間に呼びかけ、すべてを流されてしまった神職のため、白衣・装束・祭具を集めて被災地に届け、五月からは地域の人たちの心の拠り所である、仮社殿の設置に力を注ぎ、五〇社以上の被災神社に仮社殿としての小さな社を届けたり、設置したりしました。

　被災地の神職仲間がニーズを聞き、その情報を全国の神社や神職に流し、必要な物を集め、送られてくる支援金は活動資金に充てました。一生懸命やっていると誰かが協力してくれる。それは阪神大震災のときにも経験しました。

いわき市久之浜・四神社合同祭礼のジャンケン大会

　被災者のために何かをしてあげたいと思っている人たちは多いのですが、何をどうやって支援をしたらよいのかわからない方が大半です。しかし、みんな目に見える支援がしたいのです。私は、そういう人たちと支援してもらいたい人との仲取り持ちをしているだけです。

　被災から一年が経過し、春を迎えると、被災地の宮司さまや氏子たちから「まつりを復活したい」という声が上がりました。その声を受けて神輿・山車・太鼓を募集し、希望とマッチングしながらお届けしてきました。

　また、一年半後からは、被災地のまつりに合わせ縁日を出店しています。主に都内の神社に呼びかけ、縁日のテキヤ役をしてくれる神職たちと共に、毎年二回、縁日機材をトラックに積み込み、被災神社のまつりを盛り上げています。名取市閖上《ゆりあげ》の湊神社祭礼と、いわき市久之浜の四神社合同祭礼には、毎年、東京から六〇名以上が自前で駆け付け、一六軒程の露店を出店します。するとバラバラになった氏子の方々がまつりの会場に一〇〇〇人くらい集まります。

被災地の元気を取り戻すにはまつりの再興が一番。地元を離れてしまった人々や仮設住宅の人たちも神社に集まってくるし、子供たちも笑顔になります。お年寄りが神輿に手を合わせ、涙を流している姿が目に焼き付いています。

震災から二年後、「仮の社は設置してもらったが、神社のシンボルである鳥居があればいいのになあ」という声に応えようと、平成二五年夏からは、オリジナルの簡易鳥居の設置活動も並行しており、五〇基以上の設置が終わりました。

仮社殿や神輿、山車、賽銭箱などを提供してくれた方々には、写真を添付した報告書を送り、被災神社の宮司さまからも礼状が届くよう配慮し、支援者と被災地をつないでいます。この絆がこれからも目に見える支援としてつながってくれることを期待しています。

言葉を使わずに被災者の心に触れるすべがある？　アロマの手法を用いた足湯はその一つ。足湯奉仕は、被災者のみならず支援者の心をも開き、信頼関係を築く手立てである。

プロフィール

つじ・がえい　一九六〇年和歌山県生まれ。追手門学院大学卒。高野山真言宗寶泉寺住職。高野山本山布教師。二〇〇七年、能登半島地震をきっかけに「高野山足湯隊」を結成、代表を務める。東日本大震災では、宮城県南三陸町で足湯による傾聴ボランティアを行った。臨床宗教師、JACWAスピリチュアルケアワーカー理事。

足湯隊見聞録

辻　雅榮

一　高野山足湯隊

二〇〇七年三月二五日、石川県で能登半島地震が発生し、いち早く現地に入られた五味芳道さん（当時、高野山真言宗災害対策課課長）から連絡を受け、震源地にほど近い寺院で住職さんの指示を仰いで、本堂から破損した仏像や位牌を安全な場所に搬出した。被災地におけるボランティア活動がこうして始まった。

次に、自坊檀信徒の村田幸枝さん（ホリスティックセラピストスクール金沢主宰）と避難所を巡回し、アロマセラピーの手法を用いた傾聴ボランティアを行った。そこで、奇しくも、中越・KOBE足湯隊（被災地NGO恊働センター）の吉椿雅道さんの知遇を得て、足湯のやり方を教わり、さっそくアロマセラピーと足湯の融合を試みた。

そこに、当時、私が代表をしていた心の相談員ネットワーク（傾聴グループ）の看護師や僧侶が参入し、被災地を支援するボランティアチーム「高野山足湯隊」が動き始めた。

能登半島に続いて、浅野川氾濫（二〇〇八年、石川県金沢市）、佐用豪雨（二〇〇九年、兵庫県佐用町）で足湯を介した傾聴ボランティアを実施した。東日本大震災地においては、全国からのべ八〇〇名のボランティアの参加を得て、宮城県南三陸町を中心に二四回足湯隊を組織して、のべ一三〇〇名に足湯のぬくもりを届けた。被災地のニーズに応えて、炊き出しや追悼法会、法話なども行った。

二　心に同調する香り

他の足湯隊にはない高野山足湯隊の特色にアロマセラピーがある。(1) 足湯をするとき、ローズ・ネロリ・ラベンダー・スイートオレンジ・サンダルウッドなどの香りを用意し、利用者がその日の気分で香りを一つ選んでお湯に入れ、それで足湯を行っている。

被災者が好んだ香りのデータを取って、その時々に体験している感情や事象を統計した結果、老若男女を問わず、被災者はローズの香りを好む傾向が強いということがわかった。(2) 村田さんによると、ローズにはネガティブな感情を癒し、ショックや悲嘆に同調する働きがあるということである。被災者は無意識に、そのとき自分自身が体験していることを如実に反映する香りを選んで、傷ついた身心を癒そうとしているのではないだろうか。

というのは、能登半島で足湯をしていたとき、足湯に来られた被災者が、いっせいに示し合わせたようにスイートオレンジの香りを好んだ時期があった。それは、ちょうど避難所から仮設住宅に転居して、少し落ち着きを取り戻した頃であり、オレンジの爽やかな香りが、避難所から解放された安堵の気持ちを代弁しているかのようであった。ところが、ほっと一息ついたのも束の間、夏になると、仮設で暮らす人々に次々と不安が迫ってきて、またローズに逆戻りしてしまった。やっとの思いで仮設住宅に入居したものの、いざ住み始めると、やはり苦痛以外のなにものでもなかったようである。

三　活動を振り返って

東日本大震災の被災地では、足湯をする前、看護師が血圧測定を行い、僧侶が寄り添い、アロマセラピストが香りを調合し、傾聴トレーニングを積んだ心の相談員が話し相手を務め、チームで一丸となって「高野山足湯隊」を組織し、足湯のぬくもりで被災者を支えた(3)。足湯は四季を通じ、老若男女に好評であった。

二〇一一年ゴールデンウィーク、青空の下、男女四人が一列に並んで、それぞれタライにお湯を張って、談笑しながら足湯した光景を、体験者自ら吟じた川柳が残っている。

「五月晴れ　混浴足湯で　さっぱりと」

この頃を境に、足湯のニーズが「お風呂の代用」から「癒やしと語らいの場」へとシフトしていったと記憶している。

現地滞在中、被災者からオファーがあれば、いつでもどこでも出かけていって足湯をした。時に、就寝前に足湯をすると、身体がポカポカしてよく眠られたと、ことのほか喜ばれた。

二〇一一年四月から高野山足湯隊の活動をよく見てこられた仮設住宅自治会長Wさん（三〇代男性）から次のことを聞かされた。

・高野山足湯隊は、老若男女が次の訪問を待ちわびる数少ないボランティアの一つ。
・テントや足湯の道具、炊き出しなど、準備と撤収の手際がよい。
・足湯隊が帰った後、ゴミがない。便器を素手で洗う僧侶には驚いた。
・（被災地活動で注意するべきことは何かという当方の質問に答えて）足繁く通ってくれる足湯隊は親戚のようなもの。だから親戚がやらないようなことはしない。

またほかにも、足湯をしながらさまざまな声を聞いた。

・仮設住宅の宗教勧誘に悩んでいたところ、「こうやくん」（高野山のイメージキャラクター）のステッカーを貼ったとたん、ピタリと消えた。
・南三陸には、屋根がない。（津波で学校や体育館が流れて、子どもが安心して遊べる場所がないということである。）

二〇一二年五月、高野山真言宗が、足湯隊の拠点として現地に一二畳のプレハブハウス（寺子屋こうやくん）を建てた。足湯隊不在時は、子どもの遊び場として解放された。休日には、学生ボランティアが児童の宿題を見る学習スペースや、自治会の集会所として利用された。現在は、街の高台移転とともに移設され、子どもの広場となっている。

・被災地に寺を建ててほしい。

南三陸に骨を埋め、街の復興を祈ってほしいと懇願されたが、果たせないでいる。

四　仮設住宅のジレンマ、そして……

ある時、仮設住宅でこういうことがあった。

翌日から始まる足湯の告知を兼ね、仮設の集会所を訪問したときのことである。

「いま、少し話を聞いてもらえますか？」

夕暮れ迫る駐車場で、Ｆさん（五〇代女性）から声をかけられた。ここでの足湯は、すでに一三回目である。Ｆさんは、集会所でいつも連れだっている足湯仲間の一人であるが、近頃、塞ぎ込んでいるようだ。

ご主人の両親と三人で暮らしていたが、家屋を失って以来、避難所を転々とし、ようやく仮設住宅に落ち着いた。ところが、折からの猛暑で、両親の病状が悪化。医師から仮設では暮らせないと言われ、二人揃って高齢者施設に入居することになった。しかし、町内の施設が津波で流れてしまった。それで、遠くの街の施設に、離れ離れで入居せざるをえなくなった。

震災直前、ご主人が「両親を頼む」と遺言して他界した。主人との約束を守って、仮設で介護を続けたが、それを苦労だと思ったことがない。施設に入れてしまったことを後悔していると、唇を噛んだ。

あたりはすっかり闇に包まれ、夕食後、Ｆさんの仮設で続きを聞くことになった。

作務衣から黒衣に着替え、初めてＦさんの自宅を訪問した。許可を得て、仏壇に手を合わせ読経すると、Ｆさんは胸のつかえが下りたと言い、何度も胸をさすり降ろす仕草をして、次のような話をしてくれた。

「津波で家が流された後、偶然、主人の写真と位牌だけが見つかった。これに向かって、一人でしゃべって、毎日泣き明かした。ふと気がつけば、（服を着たまま）海に入っていた。すると、後ろから主人の声で、『父さん、母さんを、どうすんだー』と、聞こえてきた。ハッと我に返って、自宅に戻る、そんな日が続いている。こうして主人に助けられているのに、私は、主人との約束を守れないでいる。それが悔しくてたまらない。」

お話しに耳を傾けているうち、身につまされる思いがしてきた。私事で恐縮だが、二〇一一年一月に故郷の父が他界し、がむしゃらに被災地に出かけた。次いで、母が倒れ、病院を入退院。現在、高齢者施設でお世話になっている。家を出て、遠くで住職をする長男に頼らざるをえない母のジレンマ。そして、今、私の目の前にＦさんがいる。はたして、私にはＦさんに寄り添う資格があるのだろうか。悩んだ。

仏壇の写真に手を合わしていると、Ｆさんが当時の様子を教えてくれた。

「母さんがそこまで（介護）するとは思わなかった。子どもたちがそう言ってくれたことが、なによりうれしかった。黙って私の背中を見てくれていた子どもたちが、今の私の支えになっている。時々、四人の子どもが孫を連れて、ここを訪ねてきてくれる。」

語り終えたＦさんは、ゆっくりと潮が引いていくように、静けさと落ち着きを取り戻していった。

「そうね、こんな話は今まで誰にも言えなかった。明日、足湯に行くから。今日は話せて、よかった。遅くまでありがとう。」

もう一度、二人で仏壇に手を合わせていると、Ｆさんの携帯電話が鳴った。

「あ、明日、長男が、子ども（孫）、連れてくるって。」

電話を切ると、また、かかってきた。

「次男も、子ども、連れてくるって！　えぇ〜、これって、お経のおかげ？」

二人して顔を見合わせ、笑った。

「私、生きていくから！」

しっかりと手を握ってくれたFさんのぬくもりを感じて、仮設を後にした。

翌朝、集会所で足湯をしていると、そこにFさんが、長男と次男の子どもたちを連れてやってきた。パッと集会所が明るくなった。その光景を見て、誰もが目を細めた。

みんな、仮設住宅で数々の喪失と向き合い、未来に希望の光を見出そうとしているのだ。薄い鉄板で仕切られた仮設住宅で暮らす、あの人も、この人も、元の生活を取り戻したいという同じ願いを持った、同じ苦しみに対する同じ恐れを持った、Fさんなのである。

涙をこらえながら、みんなの足を洗った。

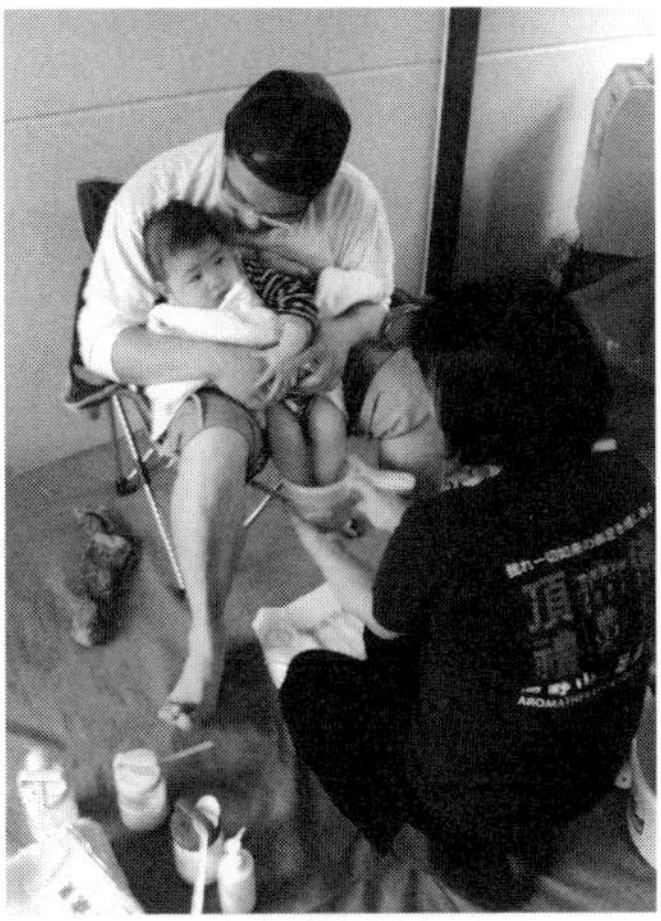
赤ちゃんの足湯

五　おわりに

高野山足湯隊の東北における傾聴活動は、二〇一三年一二月でひとまず終了した。厳しい現実に直面して、言葉を失い、もらい泣きをすることがしばしばであった。現在、有志で被災地の慰問を続けながら、被災の傷跡に苦しむ方々に心安らかな日が訪れることを祈っている。

震災記憶の風化が危惧される中、これまで震災復興ボランティアに関わってきた体験を次代の継承者に伝え、足湯でつながった仲間たちとの交流を活かし、目的を共有し、被災地の復興を考える機会としたいと考えている。

〈注〉

（1）辻雅榮『高野山足湯隊②～足湯による浄化と再生の救い～』（『高野山時報』第三二一八号、高野山出版社、二〇一一年）。高野山足湯隊の足湯にはアロマで香りをつけた香薬湯が用いられる。香薬湯による湯施行の淵源を尋ね歴史を遡ると、奈良時代の光明皇后による千人施浴を経て、ついに『金光明最勝王経』にまで辿り着いた。

（2）村田幸枝「アロマセラピー、それはいのちにふれること」（『Ｃｏｌｕｍｎ（香羅夢）』四四、ＪＡＡ（日本アロマコーディネーター協会）、二〇〇七年）

（3）辻雅榮編『東日本大震災　高野山足湯隊　活動報告』（高野山足湯隊、二〇一四年）

福島の子供たちを安心して遊ばせる「保養キャンプ」は、実は母親たちの気持ちもやわらげる。原発の事故以来、放射線被ばくというレッテルを国際的に貼られた福島の人々の悲しみと、キリスト者としての祈り。

プロフィール

やまもと・まりこ　一九八〇年長野県生まれ。佐久総合病院看護専門学校卒業。ＪＡ長野厚生連新町病院で勤務の後、二〇〇四年新潟聖書学院に入学。二〇〇八年日本同盟教団補教師准允。同年、日本同盟基督教団聖十字架福音教会に派遣される。二〇一二年より、ふくしまＨＯＰＥプロジェクトコーディネーターを務める。

福島と生きる

山本真理子

一　原発事故直後の保育園

私は、二〇〇八年から四年間、福島市内の老人ホームにある教会の牧師であり、また、近くの同系列の保育園でも聖書のお話をしていた。福島に来て三年目の終わりに、あの東日本大震災に遭遇したのである。

二〇一一年三月一四日、一五日に起きた東京電力福島第一原子力発電所三号機と四号機の水素爆発については、今でもはっきりと覚えている。「そんなことが起こるわけがない。悪い夢を見ているに違いない！」と自分に言い聞かせつつも、教会員や施設の入居者が心配になり、施設に連絡を取った。すると、施設の職員が、「先生。いてくださるだけでいいので、来ていただけませんか？」と言った。正直、外出することを躊躇したが、すぐに、宿泊できるよう荷物をまとめ施設に向かった。

行ってみると、若い職員が入居者の生活を守るために必死で働いていた。若い未婚の女性や、小さなお子さんを持つ職員もいた。しかし、職員全員が、いつもと同じように仕事をしていたのである。しかし、昼食の時間になると、「福島の子供はどうなってしまうのだろうか……」などと、不安な気持ちが会話に出てくる。皆、不安を抑えながら、懸命に笑顔を作っていたのだ。

事故から六日目にあたる三月一八日に保育園を訪問すると、すでに子どもが保育園に来ていた。職員は、玄関を箒で掃き、水をまいてきれいに掃除をしていた。ある先生は、見えない放射能への恐怖から、泣きながら花壇の除染をしていた。

その後、さまざまな情報がチェーンメールなどで飛び交った。「うがい薬を少量、水に溶かして飲みなさい。」「水は沸騰させて飲めば大丈夫。」また、テレビの中では専門家と呼ばれる人が「子供を外で遊ばせないほうが体に悪いので、外で遊ばせなさい」と語った。多くの人は、放射能に対する知識はなかったので、この情報を信じ、ある保育園では子どもたちを外で遊ばせ、布団も外に干していたのだ。

数日後、それらの情報が間違いであったことが分かったときは、多くの人がショックを受けていた。何よりもショックだったのは、子供たちを外で遊ばせてはならない状態であったことがわかった時だった。二〇一一年四月二〇日の福島民報紙や福島民友紙の新聞記事により福島市内の線量が高いところでは、年間被ばく量が二〇ミリシーベルトを超えることが分かったのである。小さな子供のいる家庭はもちろん、子供たちの集まる幼稚園や保育園、小学校などでは、この記事を読み、動揺し、混乱した。

このような記事が掲載されたにもかかわらず、ふくしま市政だより二〇一一年四月二一日号には「専門家に聞く『放射能Q＆A』」という特集が組まれ、以下のように記載されていた。「健康リスクが出るといわれる一〇〇ミリシーベルトまで累積される可能性はありません。一時間当たりの空間線量が一〇マイクロシーベルト以下であれば外で遊ばせても大丈夫です。もちろん普段通りの通学も問題ありません。布団干しも大丈夫です。換気システムを切るなど、神経質になる必要はありません。」

さまざまな情報の中で、多くの人の心の中に、「福島県民は見捨てられた。情報隠しをする行政の情報は信頼できない。すべての行動は自分たちで判断し、自分たちが責任を持たなければならない」という思いが生まれたのである。そこで、子どもを持つ多くの保護者は、水道水を飲むことをやめ、ペットボトルの水を求め、県外産の野菜を購入し始めた。多くの保護者の方が子どもを守るために動き始めたのである。高価な線量計を購入し、家の中から保育園まで隅々まで計りだす母親。毎週末子どもを県外に連れ出す家族。母子避難を選択した家族。子どもを守るために、「外で遊んじゃダメ！」と必要以上に子どもを叱る母親の姿を目の当たりにしてきた。

問題は解決しないばかりか、次第に深刻化していった。離れ離れに暮らしていた夫婦の離婚。家族が壊れるくらいならと福島に帰ってくる家族。また、家族を思うがゆえに、福島に留まり続けた家族もいた。

二　子ども保養プロジェクト

そのような状況の中で、福島市内の教会は、福島に住まざるをえない人たちに対し、どのような支援ができるかと考えるようになった。その支援の一つの中に、子ども保養プロジェクトがあったのである。

子ども保養プロジェクトは、当初一つの教会から始まった。「放射線量の低い地域に出ていき、子どもたちを外で遊ばせる」という目的を持ったその働きは、福島の母親たちのニーズに非常に合っていた。次第にその働きは、福島市のネットワークの働きになり、そして、福島県の教会ネットワークである福島県キリスト教連絡会（通称FCC）の働きへと拡大していったのである。

FCCのもとで始まった「福島県キリスト教子ども保養プロジェクト」は通称を「ふくしまHOPEプロジェクト」とし、二〇一二年七月から活動が開始された。

この保養キャンプの案内は、線量が低い地域を除く、福島県下の全教会に案内が郵送されるほか、一般の保養団体とも協力し、非キリスト者であるご家庭にもお知らせすることとなった。

働きの内容は主に三つである。

①国内での短期保養キャンプ

キャンプ期間として、二泊三日が多い。年に六〜七回（四年間で合計二六回）のキャンプを実施。保護者の休日に合わせ週末に実施し、福島県に隣接する、山形県、宮城県、新潟県の国立系、県立系の宿泊施設を利用している。

一回のキャンプでの定員は三〇名（四年間で、のべ参加者数六一二名）。一回のキャンプでのスタッフ数は、約一〇名程度（四年間のスタッフののべ人数二一四名）。

企画内容は、子供たちの体力増進を目的とした外遊びを中心に、野外炊飯や自然観察等も盛り込んでいる。ゲーム大会など、子供たちが楽しめるような工夫もしている。また、保護者の「お茶会」をして、日頃、福島では語りにくい放射能に関する話題を取り上げたり、情報交換の場所としている。

特に気を付けているのは、「政治的発言」や「移住の勧め」をしないこと。また、保護者の話を聞くことに徹すること。さらに、非キリスト者の参加者に対して教会への勧誘はしないという配慮をすることである。

②ホームステイを希望するご家族のために保養先の斡旋や情報提供

③その他の活動

春と秋の年に二回、キャンプに参加されたご家族を対象に「親と子のホッとタイム」を実施。専門家の医師をお招きし、相談会を実施したり、食事指導などの学び会をしている。

また、家族での保養を支援するための「保養支援ファンド」を実施（保養する家族へ、二万円の支援をする。一家族、一年に一回）。この働きについては、ＮＰＯ法人東北ヘルプから資金援助をいただいている。

三　福島の未来に向けて

震災から間もなく五年が経過しようとしているが、今もこの働きの必要性を感じている。二〇一五年九月に国立妙高青少年自然の家で実施されたキャンプで出会った母親は、アンケートの中で次のように語る。

「内部被ばくに気をつけています。私も娘も甲状腺に異常があるので、半年に一度は信頼できる医療機関での検診と、なるべく保養へ出るようにしています。……私たち母子は、夫婦間で考えに温度差があり、その溝は埋まらず、今に至ります。そのため、避難できず、保養でつないでいます。おそらく今後も、大きく変わることはないでしょう。」いまだに放射能の不安と闘う親子は多いのである。

『低線量放射能を超えて』の著者であり科学者である宇野賀津子氏は著書の中で以下のように記している。

「現在の福島県の浜通り、中通りの多くの地域は、事故以前に比較するともちろん高いですが、健康に問題があるレベルだとは思いません。」今、多くの人が心の奥で不安を感じながらも、その「大丈夫」の言葉を信じて、当たり前の生活に戻っているのである。もしその情報が真実であるならば、これほどの喜びはない。

しかし、この言葉とは対照的な結果が出ていることも事実である。二〇一五年一一月三〇日、福島県内で実施されてきた県民健康調査の検討委員会が福島市内で開催された。そこで発表された甲状腺がん検診の結果は、事故当時一八才以下の子ども約三七万人の中から、悪性または悪性疑いと診断された子どもの数が一五二人であるという。そのうち一一三人（乳頭がん一一〇人、低分化がん三人）が手術によって甲状腺がんと確定している。

事故から五年が経ち、この甲状腺検査の結果は、福島に住む親御さんにとっても、活動を続けてきた私たちにとっても、あまりにも悲しいものである。福島の震災は、まだ終わってはいない。

福島の現状を考える時、私はつい、「私たちがしてきたことは本当に意味があるのだろうか」と考えることがある。しかし同時に、「私たちには、子どもたちの命を救うことはできない」ということにも気付かされるのである。震災当初、私は神さまから「この異常事態の中で、あなたはどう生きるのですか？」と問われたように思った。あの時、私たちは何か大きな力や知恵があるから、この働きを始めたのではなかった。ただ、「あなたの隣人をあなた自身のように愛しなさい」という聖書の御言葉《みことば》に背中を押され、福島の人の隣人になりたいと願い、活動を始めたのである。

人の病も命も、そして福島の未来も、神さまの領域であることを認めつつ、私たちは聖書の御言葉を実行するために、成すべきことを成していきたいと願っている。

自然とともにある暮らしと地域コミュニティの支え合いは、再生に向かう原動力。人々の祈り、祭りを求める声を受け止め、支えることが神職の大切な役割であると、現場から発信。

プロフィール

ふじなみ・しょうこ　一九五六年宮城県生まれ。一九八〇年國學院大學文学部神道学科卒業。一九八九年八重垣神社宮司拝命。二〇〇一年宮城県婦人神職協議会会長。震災当日、秋田県神社庁にて東北地区婦人神職協議会の研修に参加。一週間余り経ってやっと神社の跡地に立つ。社殿を始め境内の建造物、社務所、自宅すべて流出。現在、現地での神社再建を目指す。

被災者として

藤波祥子

一　被災者として

一　八重垣神社鎮座地・宮城県亘理郡山元町の被災状況

当町は宮城県沿岸部最南端に位置し、南北一一キロメートル東西六キロメートル。イチゴやリンゴを特産物とする温暖な気候で、「東北の湘南」とも言われ、近年サーフィンに訪れる若者も増えていた。町民一六六九五人の人口（震災前）の内、約四パーセント近くにあたる六三五名が犠牲となる。町の総面積の約四分の一が浸水、一〇一三棟の家屋が流出した（平成二六年一月現在）。神社の氏子世帯数三二〇戸の内二戸のみを残し、他はすべて流出または全壊扱いとなり、約九〇名の氏子が犠牲となった。神社は海岸から約三〇〇メートルの場所に建ち、平成一九年には御鎮座一二〇〇年祭を終えたところであった。

二　繰り返される津波の歴史

この地で生まれ育った私の母は、よく「地震が来たら津波だからね」「津波は足が速いからサッサと逃げるんだよ」と孫たちに話していた。私が幼い頃も津波が来て床下まで浸水したことがある。畳を上げたり、庭で遊んでるヒヨコを集めて二階へ運ぶ大人たちの姿が断片的に記憶に残っている。

それから二〇年、大学を卒業して故郷に戻った年のクリスマス・イブの夕刻。積もった白い雪を溶かしながらヒタヒタと忍び寄ってくる黒い影（海からの水）が、我が家の目の前までやってきた。つまり、今回の震災を入れれば、たかだか五〇数年の間に三回の水害があったということになる。

〝波の音を聞きながら眠りにつく〟

そんな海の近くに暮らす者にとって、津波は来て当たり前のものなのである。私の祖母も孫である私に、「地震がきたら竹やぶに逃げろ」とか「雷が鳴ったら蚊帳の真ん中にいろ」と話してくれた。つまり、「自分たちは自然の中に生かされている。そしてその自然とはいかなるものであるか、自然がもたらす恵みと猛威とを常に意識しておきなさい」ということを子や孫に伝えてきたのである。それは大人の大切な役目の一つだと思う。

震災の後、テレビやラジオでよく「千年に一度」とか「想定外」という言葉が流れてきた。しかし、地球の歴史から見れば、「千年に一度」は「しょっちゅう」という意味に近いだろうし、また、自然を相手にいったい何を想定するというのだろうか。それは人間のおごりではないのだろうかと、その時思った。

三　津波被災者のたくましさ

さて、こうして過去からいくどとなく繰り返されてきたように、今回も大きな地震の後に大きな津波がやってきた。多くの命とあらゆる物を流しきって、海はまた、いつもの表情に戻っていった。いや、震災直後はむしろ以前よりもきれいで穏やかな顔をしていたようにさえ感じる。

そして、私のまわりの被災した人たちはどうだっただろう？　皆が皆ではないがあんがい元気だった。もちろん、家族や親戚、友人を失った悲しみはある。しかし、避難所でも冗談を言う元気、笑う元気はまだあった。

「自分一人が被災したわけではない」「みんな一緒だ」

何世代にもわたたって培われてきたコミュニティ意識とでも言うのだろうか、そういうものが、この悲惨な状況の中にある彼らを救っているように感じた。

かつては漁業に携わる家も多かった。それがやがて農業へと転換してきたわけだが、自然を相手にする生業であることに変わりはない。自然とはどういうものか、ということはしっかりＤＮＡの中に刻み込まれているに違いない。大きな災害に遭っても、海を恨まず、自然を恨まず、震災後も震災前と同じように、毎朝お天道さまと氏神さまとを拝む人たち。流された社殿の跡地で、何もなくなった空間に向かい手を合わせる人々。「私も家を流されたけど神さまもお家を流されてかわいそう」とお花を供えていく娘さん等。瓦礫も片付かないうちからお参りに来る人々の姿に私自身がどんなに勇気づけられたことか。

そのような中、被災して半月ほど経った頃、ある農家の男性が元気よく自転車を走らせていた。「どこに行くの？」と尋ねると、「芋植えに行くんだ」と言う。「そんな瓦礫の中の残留物なんかいつまで探してたって無駄だから、もっと足しになることをやれ！」と言って走り去った。何というたくましさ。家もない。畑も失くして、それでもどこからか種芋を入手し、高台に空いている土地を借りて、次の収穫のための作業をするという。

また、八〇歳過ぎの老人も震災のすぐ後に被災した畑を耕し、その年の冬にはとても立派な大根を収穫して、神さまにお供えしてくれた。彼は「大丈夫だ、塩害なんてないから、みんな戻ってきて畑作れ！」と呼びかけていた。「来てしまったもの（津波）はしょうがない。それよりも、これからのことが大事だ、俺たちは生きてゆかねばならないのだから」と言い、「そのために、何があったって次の収穫のための作業を続けるんだ」という強い思いがある。

塩害といえば、あの年の稲は、波をかぶった田圃とかぶらなかった田圃とでは、被災した田圃のほうが収穫量が上まわったという話を聞いたことがある。その後除塩作業と称して、田の土を分厚く削り取り、他の土地の土を客土したら収穫量が減ったという話もあった。なかには、たとえ波をかぶっていても自分の田の土を削ることを強く拒んだ人もいたらしい。

田畑の土はただの「物質」としての土ではない。農家が長い年月をかけて我が子のように大切に育ててきたものである。都合が悪くなったから他のものと交換すればよい、と簡単に割り切れるものではない。

同じように、先祖代々暮らしたそれぞれの家や屋敷、地域はたんなる「場所」ではない。たとえ津波が来ようが、ＪＲが不通で不便になろうが、なかなか捨てきれない、自分の生の原点ともいえる空間なのである。利便性のみを求めて次から次へと住居を替えていく人々にとっては理解しがたい部分かもしれない。同じ町内でさえ、津波の被害を受けなかった人たちの中には「あんなに恐ろしい津波に遭った所に、なんでまた住みたいと思うのだろう？」と感じていた人も少なくなかったようだ。

四　お祭りの復活

震災の次の年。ある氏子さんが言った。

「今、仮設で暮らす人たちにとって必要なのは、笑って集まれる場所なんだ。それは神社でありお祭りの場なのだから、お祭りをやらなきゃダメだ！」

その言葉は腹にズシンと響いた。まずは総代たちと、傷んだ神輿《みこし》を修理してくれる大工さんを探し、あわせて花火を揚げるための寄付を募った。なかには「こんな時に何を考えてるんだ！」との声もあったが、多くの人たちが励ましてくれた。

こうして祭りの準備を進めつつ、六月には植樹祭を行った。氏子やボランティアの人たち五三〇人の手で、ガランとした境内に、三三〇〇本の苗木が植えられた。作業終了後の集合写真には驚くほどいい顔をした人たちの笑顔が並んでいた。

八重垣神社例大祭宵祭りの花火大会

そして、いよいよ七月の夏祭り。前日の宵祭りには、陽が暮れかかる頃から花火が揚がるまでのほんの数時間の間に、バラバラになった氏子たちが全員集まったかのごとき大勢の人々が集い、久々の再会を喜ぶ声があちこちから聞こえてきた。何より、子供たち（被災して心に重いものを背負った彼ら）が屈託のない笑顔で思いっきり笑っていた。

まるで「ここでは笑っていいんだよね！」と言っているかのように。そして、打ち揚げられた花火を見上げる瞳は、キラキラと輝き、また、ある人は涙を流し、それぞれの思いを映していた。

翌日の神輿渡御は、うず高く積まれた瓦礫の中を海へと進む。砂浜での神事の後に荒波に向かってゆく神輿の姿は震災前と少しも変わらず、勇壮そのものであった。

「津波が来たって俺たちは変わらないんだ」

そんな声が聞こえてきそうだった。被災後都市部に住んでいた担ぎ手の一人がこう言った。

「この〝神輿を担いでる時〟は〝また、この町に戻ってもいいかな〟って思う瞬間なんだよね」と。

五　移転とコミュニティの問題

今回山元町では震災の年の一一月に、沿岸部の六つの地域を正式に危険区域に指定し、第一種から第三種に分けて住宅の建設を制限した。これによって第一種に指定された氏子区域の人々はこの地に住まいを新築することはできなくなったのである。

特にこの第一種となった六地区の沿岸部には、古くからのつながりを大切にする人たちが暮らしていた。彼らはかつての居住地に戻りたくとも戻れなくなってしまった現実の中で、せめて、自分たちが暮らしてきた地区名と、コミュニティを守ろうと話し合いを重ねた。私が暮らした「笠野地区」もその一つである。この地区では約五〇軒がまとまり、町に集団移転を希望し続けたが、それは叶わなかった。

こうして町から新たに提供された新市街地は、地域ごとの区割りもなく、「自分の希望する区画を申し出てそこに住まう」という、一見自由で本人たちの希望を取り入れたかのごとき方法で形づくられた。しかしそれは、新しい人間関係を築くのが苦手な老人たちにとっては、〝仮設の方がまだましだ〟という空間になってしまったのだ。隣近所は知らない人ばかり、弱った足では知人の住まいまで歩いてゆくこともできない。家族が働きに出ている日中はまったく孤独で不安な時をじっと耐えるしかないのである。中には「このままでは喋ることも忘れてしまいそうだから、日中バカみたいに大きな声で昔覚えた教育勅語を何度も暗唱している」という老人もいた。五年経って「あの時は口に出したくなくて言わなかったけど……」と、時間が経ってやっと話せるようになったということもある。

心の傷が癒えるにはまだまだ時間が必要だ。こういう時、元のコミュニティがあったなら、同じ体験をし、同じ訛《なま》りで話せる人が側にいたなら、どんなにか救われるだろうに、それすらも困難なことになってしまったのだ。

想像してみてほしい。家族や友を亡くし、家を失い、働く場所を失い、丸裸になって、それまで持っていた立派な肩書きなど何の役にも立たず、その上長年自分が生きてきた場所に戻ることもできないのである。自分がちゃんと立って生きてゆく場所などどこにも見つからず、行き着く所は、「いったい自分って何なんだろう、何だったのだろう」という、根拠のない不安定なものになってしまった自分の存在をそこに感じるだけなのである。

そういう時だからこそ、人と人との関係・つながりこそが自分の立ち位置を教えてくれるのではないだろうか。それは新しい人間関係でも可能ではあるが、かつて共に生きてきた仲間同士ならば、より確かなもの、より安定感のある存在として、自分を認めることができるような気がする。そのためにも、コミュニティの崩壊は最低限に抑えなければならなかったと思う。そしてこれを壊したのは決して津波ではない、とも思う。

これからもさまざまな災害が繰り返されるだろう。多くの命や物が失われてゆくだろう。命を守ることは大事なことである。

そして、次に大切にしなければならないものは何なのか。はたして過去の教訓は活かされたのだろうか。そして私たちは次の世代に何を残さなければならないのだろうか。

六　「ありがたい」という言葉

今回の震災では世界中の人たちからのあたたかい心をたくさんいただいた。被災した人々の多くが、直接自分たちの側でひたすら被災者のために動いてくれる自衛隊、消防や多くのボランティアの人たちの気持ちをしっかりと受け止め、「ありがたい、ありがたい」という言葉をいたるところで口にしていた。

そして子供たちは、被災してはからずも多くの死と直面し、不自由な生活を余儀なくされ、人の悲しみ、苦しみを間近に感じて生活する中で、この「ありがたい」という言葉を何度も耳にし、また自らそう感じたに違いない。そんな彼らは、今、優しく、そしてたくましく成長して、それぞれの道を模索している。〝地域の人たちを元気付けることがしたい〟〝あの時自分たちを助けてくれた人のように、人の役に立つ仕事がしたい〟と。

この子供たちが成長してゆくその中で、神社はいつも彼らのそばで、彼らと共に、この教訓を語り継いでゆかねばならないだろう。そしていつまでも人々の心と心をつなぐ空間であり続けられるようにと祈っている。

苦悩を抱える人々と共にいるということ

支援は誰のためのものか。被災者を中心にして支援が行われ、その支援に関わる人の継続性がいかに大切かを考えさせられる。また、宗教者にできることは何か、と常に自らの支援に自覚的である必要性を訴える。

プロフィール
かなざわ・ゆたか　一九八〇年京都府生まれ。龍谷大学文学研究科博士課程修了。現在、龍谷大学世界仏教文化研究センター博士研究員。博士（文学）。専門はインド仏教、宗教者によるケア。特に龍樹をはじめとする中観思想の文献学と、教誨師、平和問題など現代における宗教的課題研究に取り組み、東日本大震災復興支援活動では岩手県陸前高田市の仮設住宅訪問活動に従事している。

金沢　豊

一　はじめに

東日本大震災の引き起こした環境の変化は、外部支援者の想像の範囲を超える。それでも被災された方に対して、私（僧侶）に何ができるのか、ひいては宗教者だからこそできることは何かを考え、取り組みを続けてきた。本稿は、筆者の従事する活動の特徴と見えてきた問題点から自然災害における宗教者の役割を考えてみたい。

二　整理のつかない思いに会う

二〇一五年秋、冷たい風が強く吹きつける中、仮設住宅の敷地内を歩いていると、一人の女性と目が合った。「こんにちは」と会釈をし「最近ご様子はいかがですか?」と声がけをしたところ、伏し目がちの表情で「三月に主人があっちにいっちゃったの」とおっしゃった。

「主人の残したものの整理を始めると、一つ一つに思い出があって捨てられないし、悲しくなってしまう……自分が嫌になっちゃうの。」

ご主人を亡くされたつらさと、遺品を整理しきれないご自身へのふがいなさだろうか。複雑な気持ちが入り混じり、寂しそうな笑みを浮かべておられる。その目の前の女性に対して、いったい何ができるのだろうか。できるとすればどのように関わることができるのだろうか。

私たちは、女性の傍らで腰を下ろし、話に聞き入っていた。整理しきれない思いを打ち明けてくださり、互いに頷きながら、ゆっくりとした時間が過ぎていった。

「もう、こうやって外で話を聴いてもらえる季節は終わってしまうね。」

「最近、人と話をしていなかったから嬉しいよ」と、ご自身の気持ちがいくぶんか変化したことをおっしゃった。

この事例は、あまりにも素朴な関わりであり、宗教者であることを活かした活動ではないという指摘も受けるだろう。しかし、宗教者だからこそできることは何かという問い、それ自体に問題はないかを問い直してみたい。もしかすると宗教者に特別な力が備わっており、何かができる可能性を負わせすぎていないだろうか。あるいは、何かができるから、何かをせねばならないと思い込んでいるのは、「宗教者」自身ではないだろうか。

三　訪問活動の特徴

甚大な津波被害に対して多くの人が緊急支援に動いた。そして、被災した人々の孤独感による苦悩の増大、何年後かに自死者が増えるのではないかという心配は、同時期から懸念されていた。なぜならそれは阪神・淡路大震災から学んだことの一つでもあったからだ。しかし、本当のところはどうなのだろう。二〇一一年夏、私たちは被災された人々が何を求めているのかを知るため、完成したばかりの応急仮設住宅を訪ねることにした。その訪問先の一軒目から深刻な悩みを打ち明けられることになった。そこで私たちは死にたいほどの苦悩を和らげることを目的として、岩手県沿岸南部の仮設住宅の居室を一軒ずつノックし訪問する活動をすることに決め、現在（二〇一六年三月）まで継続をしている[1]。その活動の特徴は次の三点に絞ることができる。なお、当該活動は宗教者のみが行う活動ではないことをあらかじめ断っておきたい。

①アウトリーチ（居室への訪問）型の対人支援
②地元密着型（地元ボランティアによって継続し、チームで関わる）
③「死にたい気持ち」に関わる

最初の特徴は、仮設住宅の集会所などでイベントを開催するように〝お招き〟をするのではなく、こちらから〝赴く〟活動であるという点だ。そのきっかけは「集まる人は決まっている」「隣の住人がどんな様子かわからない」という住民の声を聴く中で、イベント開催だけが支援活動ではなく、アウトリーチ型の活動との両輪が必要なのではないかと思い至った経緯がある。それは決して「出てくることが叶わない人」を引っ張り出す活動ではない。どこまでも訪問先の相手を中心とした関わりの中で吐露される苦悩と丁寧に向き合うことを活動の狙いとしている。

二番目の特徴は、地元のボランティアによって活動が継続されている点である。来援ボランティアが何度も上記の姿勢で訪問をすること自体は尊いことである。しかし、苦悩を抱えている人を中心に考えた場合、時々やってくる特定の個人よりもむしろ、活動の目的を共有した地元のチームで関わり継続することが、訪問する側、受ける側のお互いにとっても望ましいと結論づけている(2)。

三番目の「死にたい気持ち」に関わるという特徴は、対人支援活動の中でも特にトレーニングが必要と言われている。そこで、活動スタート時より専門的な経験を有する（特活）京都自死・自殺相談センターから協力を得ている。結果「死にたい気持ち」というもっとも深刻な思いに関わることで、どのような気持ちにも関わることができるという学びを経験的に得た。

実際には、行政を含めて多くの支援があり、時間の経過と共にきめ細やかなサポートができあがっている。そういう中で宗教者の役割はどこにあるのだろうか。そもそも人が行う支援である以上、完璧な支援というものはない。必ず支援の輪から漏れる方がいらっしゃることは多くの支援者が気づいたことでもある。不充分ながらも目の前の相手のために精一杯の努力を重ねる、そのような視点に自覚的であることは、絶対的な存在に支えられている宗教者だからこそ、持ちうる見方ではないだろうか。被災された方の中でも、特に支援の輪から漏れてしまう方の「死にたい気持ち」に少しでも関わり、和らげることを目的とした限定的な活動にこそ、宗教者が関わる意義があるのではないだろうか。

四　変わらない不安と苦悩

この活動から見えてきた人々の気持ちは、震災後五年が経つ今も「不安」と「苦悩」に集約されるように思う。仮設住宅から次の生活へスムーズに移行しない不安が沈殿し、「仮設で死にたくない」という声をあらゆるところで見聞きしている。あるいは「しょうがない」という諦めに似た声も続いている。仮設住宅設置当初、入居は二年間という時限が設けられていた。しかし、仮設の次の住まいとしての災害復興公営住宅は計画通りに進まず、仮設住宅居住延長の申請がなされ、多くの世帯が望まないかたちで生活を送り続ける状態となった。先が見えないことに対する不安と、二転三転する行政の説明は人々に不安を与えたという。また、住まいが安定しない状態で、いつ同じような地震が起こり津波がやってくるのかわからない不安の中で日々生活を送っていらっしゃったという事実も忘れてはならない。

そして、そのような状況から生じる苦悩は人の数だけ存在するということもまた事実だ。なかでも二五〇〇人以上いらっしゃる行方不明者の周辺の方の苦悩は計りしれない。「一刻も早く見つけてあげたい」といった悲痛な声を目の当たりにした。月命日に当たる毎月一一日には沿岸部のあらゆる場所で行方不明の方の手がかりを求めて、一斉捜索が警察を中心に今も継続されている。人々の不安や苦悩に関わることは、時間の経過とともに必要性が増すように感じる。そもそも、人生において思い通りにならない苦悩が通底することは、ブッダが苦諦として明らかにした仏の教えである。僧侶には、時間が経っても変わらない苦悩があることを見据え、派手でなくても一人ひとりの不安や苦悩の感情から目を逸らさず、傍らに居続ける支援を先導する役割が求められるのではないだろうか。

五　宗教者の役割

死者との関わりについて掘り下げる著作を多く記している思想家の若松英輔氏は、自身の妻の看取りに際し「見舞いに行って、どうして病者を励まさなくてはならないのだろう。どうして被災者を鼓舞するところから始めなくてはならないのだろう。ただ黙して、そばにいる、それだけで十分ではないのか」と自問する。「黙って横にいることは、厳しい忍耐を要し、時に苦痛である。なぜなら苦しむ病者を前に、あまりに非力な自分を痛感しなくてはならないからである」と述べる(3)。若松氏は病者を前に非力な自分を痛感する段階までを言葉化した。つまり、宗教者でなくても苦悩を抱える人を前に、己の非力を認識しうることが明らかにされている。

では、宗教者にはその独自性がどこにあるのだろうか。筆者は、苦悩を抱えた人を前にして非力な自分をも救う存在を明確に認識しているのが宗教者であると考えている。むしろ、その程度しか宗教者の役割は残されていないと見据えている(4)。上段に構えて宗教者独自の役割を探すこと自体が無効なのかもしれない。もはや、覚者ではない非力な宗教者に残されている役割は、肉親でも知人でもない第三者の苦しみに積極的に関わる、痛みを引き受ける、その先に自らの精神性を支える絶対的な存在と出遇いなおすことだけである。その支えとなる聖者、神、仏、それらの教えを自らの血肉として次の歩みを進めるのみであると考えている。

六　おわりに

自然災害における宗教者の役割は二〇一一年以降多くの場で語られ、いわゆる学問の分野を横断して議論されるようになった。しかし、その議論は本当の意味で苦悩を抱える人のためになってきただろうか。実は存在しない宗教者の役割に拘泥するあまり、議論のための議論になってこなかっただろうか。日常から気配を消していた生死が大量にむき出しになった東日本大震災は、その意味で筆者を含め、すべての宗教者に課題を突きつけ反省を促したともいえる。そういった反省の上で自然災害時における宗教者の役割を示すならば、自分を越えた存在に支えられながら苦悩を抱える人々と共にいるという役割であり、それは当然の帰結ともいえる。

〈注〉

(1) 活動の目的、経緯については、金沢豊・安部智海「【報告】浄土真宗本願寺派総合研究所における東日本大震災復興支援活動」(『浄土真宗総合研究』第八号、二〇一四年)に詳しい。また発災直後から二〇一二年三月までの活動揺籃期については、藤丸智雄『ボランティア僧侶』(同文館出版、二〇一三年)にまとめられている。

(2) 前掲の金沢豊・安部智海「【報告】浄土真宗本願寺派総合研究所における東日本大震災復興支援活動」(『浄土真宗総合研究』第八号、二〇一四年)一二四頁。

(3) 若松英輔『魂にふれる』(トランスビュー、二〇一二年)一一五頁。

(4) すべての宗教者に通じる普遍的表現ではないため、自虐的な表現を取っているが、私(浄土真宗の信仰を持つもの)にはその一点が最重要であり、後は付随しているものだと考えている。

NGO専務理事としての被災地支援の経験から、組織としての使命、行政や社協等との連携、及び地域と結びつきのある寺院の重要性に言及する。難民支援で始めた移動図書館は災害の現場にも「心の栄養」を届けた。

プロフィール

ちの・しゅんこう　一九六六年東京都生まれ。駒澤大学仏教学部卒。一九九五年阪神淡路大震災以降、SVA（元曹洞宗国際ボランティア会）代議員として、災害支援活動に関わる。現在のNGO公益社団法人シャンティ国際ボランティア会の国内事業課長、事務局長を経て、専務理事として海外の教育支援、国内災害支援の活動を統括しながら、瑞松寺（長野県松本市）住職として僧職の仕事に従事する。

被災地に心の栄養を――シャンティの移動図書館活動

茅野俊幸

一　「現地に寄り添う」ボランティア

東日本大震災では、震災直後から多くの宗教者が現地に赴き、さまざまな支援活動を行ってきた。また、被災地内においては、緊急時、被災した公設避難所に代わり、各地の寺院、神社、宗教施設が避難所となり、被災者のシェルターとしての大きな役割を果たしてきた。

大災害を通じて、あらためて多くの宗教者が支援というかたちで行動した時でもあった。「祈りからなる行動」と表現していいのか、あの時は、それぞれの立場でできる限り「救済のチカラ」を東北に向けていた。しかし、支援が長期化してくる中では、「いつまで活動を続けることが必要か？　いつまで継続できるのか？」自問自答しながら活動をする個人、団体もあったのではないだろうか。

「地震当時、現地はボランティアの人々で溢れていたが、緊急時期を過ぎると継続的なボランティア支援は少なくなる」と被災地でよく言われることがある。それはしかたないことでもある。個人の思いで活動に関わる方がほとんどで、被災地の復興まで継続的に「現地に寄り添う」には人材と資金とノウハウが必要となり、それを備えた組織力、専門で動くボランティア組織でなければ難しい。また、宗教者においても、自身の足元の役割（日常の宗教活動）もあり、常に支援活動に従事することには限度がある。思いはあっても緊急時のような勢いで支援に関わることは難しい。

また、震災から五年を経過すると、「精神的な支え、寄り添い」という、被災者の日常的なメンタル面でのボランティアが主な役割となっていくため、遠方からのボランティアでは、被災者の日常を支えることにも限界がある。

二　行政との連携

この課題と向き合うには、日常から災害時に備えたNPO・NGOを組織し、ボランティアコーディネートを含め、被災地としっかり向き合う体力ある組織を備えておくことだ。組織として動けば、「個の思い」だけではなく「組織の使命」を通じて、現地とつながりながら活動目的を明確にし、計画的に持続性のある支援、その地域のニーズにあった活動をしていくことが可能となる。

また、災害の現場では「より迅速な対応」「より確実な支援」「より確かな情報の共有」が求められるため、日常的に行政や社会福祉協議会、災害系NPO・NGOとの連携強化も意識しておくことが必要となる。さらには、現地の復興に継続的に関わり続けるということは、自らのボランティア活動への評価活動（第三者評価を含め）も必要となるだろう。

そして、何よりも自立に向けた取り組みとしては、こちらの思いで行動する支援だけでなく「共に考え、共に創る支援」として、被災地域内で、地元の方々によるボランティア活動を形成していくことが必要となる。外部から入ったボランティアは、いずれ現場を去っていかなければならない。そのためにも、活動を通じて、現地の方々がいずれ復興に向けた個の自立、「自分たちのまちづくり」を考え、自ら行動していけるよう、外部から入った団体としては、それを後方支援、ハンドオーバーできるような仕組みを築いていくことが大切だ。

そして、今後、大災害時における支援活動は、僧侶だけでなく、僧侶が、一般の方々、専門家や企業との連携の中で、組織的な動き、持続的な活動をつくっていくことが重要だ。

三　シャンティ国際ボランティア会の活動——移動図書館

私たちのNGOシャンティ国際ボランティア会（SVA）は、一九九五年阪神淡路大震災の時から、数々の国内災害の活動経験を活かし、発災してから初動期の支援（避難所時期の支援）、復興期（仮設住宅入居時期の支援）、自立期と、それぞれの被災地域が「自らの力で立ち直る」ことを想定しながら支援活動を重ねてきていた。
しかし、東日本大震災の場合、自然災害だけでなく、今までに経験のない「原発被害」に向き合うこととなり、手探りの活動が続いている。現在、宮城、岩手と合わせ、福島県南相馬市にある仮設住宅に移動図書館車を走らせ、本を通じて仮設に暮らす方々の「寄り添い・場づくり」を行ってきた。

移動図書館活動については、シャンティ国際ボランティア会の歴史的活動でもある。三五年前、東南アジア難民救済会議として、カンボジアの内戦によりタイ、カンボジアの国境に発生した難民キャンプの人々、特に内戦のトラウマを抱える子どもたちに、「心の栄養」として絵本を提供してきた。絵本は、子どもたちが空想を楽しみ、美しさを楽しむことで、内戦で心閉ざされた子どもの情感に働きかけをしてくれた。移動図書館車に多くの絵本を積んで、各キャンプサイトを巡回しながら、子どもたちに寄り添い、時には読み聞かせや手遊びをしながら、希望の見えない空間になごみの時間、安らぎの場を提供することで、子どもたちは喜びを取り戻していった。

SVA 移動図書館

「災害の現場」でも、本の持つチカラは大きいと私たちは考え、東日本大震災の初動時期には物資を届け、炊き出しを行いながら、被災地内の自治体や仮設住宅でのニーズ調査を行った。その結果、津波で流れてしまった各地の常設図書館、図書館車に代わり、当会の移動図書館車活動を仮設住宅に走らせる活動へと展開することにしたのだった。仮設住宅にいる子どもからお年寄りまでが集える移動図書館として開始した。

この活動は時に、僧侶の方々が行う行茶《ぎょうちゃ》（お茶を提供しながらの傾聴活動）と合わせ活動を行ったりした。こうして多くのボランティアの方々の協力で、岩手、宮城の仮設住宅に暮らす方々への「心の栄養」を届けることができた。巡回図書活動を続ける中で、仮設住宅の方々からは「今度はいつ本持って来てくれるの？」という声や新しい本のリクエストなど、仮設の方々と共に歩んできた活動でもあった。この活動も、今年（二〇一六年）の計画としては、仮設住宅に暮らしていた方々が、公営住宅に移住するタイミングで終了を考えている。

四　コミュニティ再生の課題

しかし、福島には、岩手、宮城と違ったコミュニティの再生の課題が横たわっている。

これまで私たちの団体が続けてきた福島県南相馬市の仮設住宅の移動図書館利用者の多くに小高区からの避難者がいる。その地域の方々は、元住んでいた場所に戻り、安全に、そして、その地で生活再建をしていけるのか？　という大きな不安を抱えながら、仮設に暮らしている。小高区への帰還制限解除に向け行政は動いているが、この地域は、野生動物に住居が荒らされていたり、住居の修復の目処もなく、医療機関、店舗などの生活基盤が整っていなかったりと、「帰還しても生活ができるのか？」といった不安が住民の多くから聞かれる。実際の帰還はさらに遅れることも見込まれる。長期化する仮設暮らし・避難生活によるストレスや不安軽減に引き続き対応していくことが必要となる。

今、私たちの団体にできることは、南相馬の仮設住宅で移動図書館活動を一つの重要な柱として継続していきながら、いままで培ってきたつながりや成果を活かし、相乗効果を生むべくコミュニティ再生支援につなげるもう一つの柱となる事業を具体化していくことである。そのために、現在の小高区のコミュニティに入り込み、そこに暮らす住民と対話をしながら、再生支援の方法を探っているところである。

従来であれば、ある程度、現地でのベースライン調査を行えば、復興、再生支援の道筋が見えてくるが、南相馬市のケースは、現在もその地に残り暮らす住民と帰還の目処が立たない元住民がおり、どのような再生支援が必要なのか、課題が多く支援方法が定まらない。

その中でヒントとなるのは、地元の住民はともかく、古くから地域と結びつきのある寺院。活動を通じて、出会った小高区の寺院住職方と共に「コミュニティのあり方」を考え、活動をしていくことではないかと思っている。現在、小高区に行事のあるたびに戻られる寺院住職へのコンタクト、ヒアリングを行い、顔の見える関係を築くところから始めている。

しかし、その地域の寺院にも、檀家が戻ってこなければ、今までのような寺院を中心としたコミュニティは再生されないと悩みを感じている。いまだ人類が経験したことのない災害に立ち向かい復興していくには気の遠くなるような年月が必要かもしれない。

福島（帰還解除地域）の復興が見えない状況の中で、困難な環境にある人に向き合う宗教者の役割ということにも注目して、福島の復興事業に関わっていけたらと思っている。

東日本大震災被災地での支援活動を振り返って——連合組織としての多様性と柔軟性

大滝晃史

複数の教団が関わっている組織の事務局長としての被災地支援の経験から、連合体の課題と強みに言及する。各教団の独自な活動と連合体が展開する活動の調整や、多様性と柔軟性を活かした連携のあり方が特徴的である。

プロフィール
おおたき・てるふみ　一九七四年東京都生まれ。立正大学仏教学部卒。一般企業を経て、新日本宗教団体連合会・大阪事務局勤務。その後、新宗連青年会事務局長に就任し、現在、公益財団法人 新日本宗教団体連合会 本部事務局／新日本宗教青年会連盟（新宗連青年会）事務局長。二〇一一年の東日本大震災における新宗連と新宗連青年会の被災地支援活動に携わる。

一　初動期における各教団の対応と連合体としての課題

新日本宗教青年会連盟（新宗連青年会）は、一九六一年一一月二六日に結成された新日本宗教団体連合会（新宗連、一九五一年一〇月一七日結成）の青年組織である。東日本大震災が発生した二〇一一年は、ちょうど五〇周年を迎える時期で、二〇一〇年から五〇周年を記念するさまざまな事業を展開していた。特にこの記念事業のメーンプログラム「全国たすきリレー」を四月からスタートする予定にしており、準備も大詰めという矢先に東日本大震災が発生した。

震災発生から三日後に緊急会議を開催。当時の新宗連青年会の保積志胤委員長が仙台市に本部を置く大和教団所属だったことから、この会議の出席者と保積委員長の了解を得て、「全国たすきリレー」を中止し、東日本大震災の支援活動へと転換する方針を決定した。

各加盟教団の被災状況や救援活動の状況については三月一一日以降から継続して情報収集をしており、被害規模も地域も甚大で、大和教団はじめ、パーフェクト リバティー教団（ＰＬ）や立正佼成会など、東北地方に拠点を持つ教団の被害情報が次々に入ってきていた。震災発生直後の被災地では、スピードや具体性が重視される。そのため、震災から一ヶ月ほどは、加盟教団がそれぞれ単体での支援活動や救援活動を行った。各教団が独自で展開する救援活動と新宗連青年会が主体となって展開する活動との調整が初動期の大きな課題であった。

自教団の会員信徒の安否確認や境内地、関連施設などの復旧活動以外にも「教団内外を問わず、より積極的に支援活動する」という教団もあれば、「災禍というものは、いつ、どこで起こるか誰にもわからないのだから、一人ひとりがその時に備えるとともに、個々人の意思によって、できることを行いなさい」と教示し、教団としての被災地支援への方針は示さず、会員個々の任意とする教団もあった。

その根底には、各教団が日頃から説いている教義や信条があり、宗教本来の存在意義や目的からすれば、「どちらの教団が社会貢献しているか」などと単純に評価できるレベルの話ではない。このように各教団の根底にある教え、日常的な活動などをよく把握していないと、連合体として何かを実施しようとする時に「参画の有無」だけで評価してしまい、前提となる宗教としての本質的な役割や、各教団それぞれの尊重すべき宗教性や個性を見落としてしまうことになる。初動期は各教団の動向を追いながら、独自の活動を探っていたが、個人的には、各教団の個性というものを、これまで以上によく理解できた時期であった。また、このプロセスを経なければ、その後の支援活動の展開もできなかったと思う。

二　連合体ならではの活動——日常的なつながりの重要性

震災発生から一ヶ月ほどの間、東京・代々木の新宗連会館に救援物資が集められた。救援物資は全国各地の加盟教団から提供されたが、大阪府堺市の大慧會教団から三トンの米が届けられることになった。しかし、新宗連会館ではこれほどの米を保管するスペースがなかったため、急きょ、新宗連会館からもっとも近い妙智會教団が保管場所を提供した。運搬計画が決まり、三トンの米をはじめとする救援物資を大型トラックに積み込む段となり、新宗連青年会の地方組織である関東連盟の有志が妙智會教団に集まった。さらに、善隣教の力久道臣教主の尽力により、毎年、大相撲九州場所で後援している花籠部屋の力士が助人として駆けつけてくれた。そのおかげもあり、積み込み作業は短時間で終了した。

このエピソードは、それぞれの教団が特色を活かして、できることを供出し合うという、新宗連ならではの協力活動を象徴的に表現していると思う。各教団の規模、組織、教義や信条も異なるが、それぞれに特徴を活かし、協力するという多様性と柔軟性を兼ね備えた独自の文化が新宗連にはある。東日本大震災が発生した二〇一一年は奇しくも新宗連結成六〇周年、新宗連青年会結成五〇周年という節目の年だったが、後述する被災地でのボランティア活動も、長年積み重ねてきた独自の文化がなければ展開できなかった。永年の積み重ねられた歴史、日常的に育まれる「ネットワーク」の強さを感じる出来事だった。

三　多様性と柔軟性を活かしたボランティア活動の展開

ここで、新宗連青年会が東日本大震災以前に展開した災害被災地支援活動について紹介する。一九九五年の阪神淡路大震災では、キリスト者などと協力して三泊四日の行程で八次まで、神戸で「心のケア」ボランティアチームを派遣した。二〇〇四年の新潟中越沖地震では、約一ヶ月間、四次にわたり、水没地域の泥のかき出しや、仮設住宅引越支援など、社会福祉協議会と協働してボランティア活動を展開した。このような実績から、東日本大震災においても、加盟教団から、新宗連青年会を主体とした被災地でのボランティア活動展開が期待されていた。

震災発生直後から四月頃までは、新宗連青年会の現状や性格を考慮しながら、派遣する地域の社会福祉協議会や日頃からつながりがあるＮＧＯなどの動向を調査し、ボランティア派遣のための現地パートナーを探していた。そういう中、阪神や中越での支援活動で協働した西田真哉氏（当時、トヨタ白川郷自然学校校長）から、全国の自然学校スタッフが中心となって結成した「ＲＱ（レスキュー）市民災害救援センター」（以下ＲＱ）への誘いがあり、ほどなくＲＱへの参画が決まった。しかし、西田氏からのリクエストに、ＲＱが宮城県内で活動する三つの拠点の一つ、気仙沼市唐桑町の「ボランティアセンターの運営」があった。ボランティア派遣だけでなく一つの拠点運営を任されたことから、独自のプログラム構築や、加盟教団への案内方法など、条件やレベルが上がり、災害現場での支援活動など皆無であった私は苦悩の日々だった。

新宗連は多様性や柔軟性を特色として、これまでもさまざまな活動を展開してきたが、加盟教団にボランティア募集をする際には、一律の条件を記した募集要項を示す必要がある。五月の連休明け、拠点となる気仙沼市唐桑町まで下見に行ったが、東京から車で九時間、仙台市からも三時間かかる場所だった。車以外のアクセスもあまり条件がよくないという場所で、どのように人員を集めるかが大きな課題となった。また、拠点運営を任されたことから、長期滞在できる人材の確保など、当時は加盟教団の参画がまったく未知数という状況下で、課題や不安は尽きなかった。

しかし、阪神や中越での募集方法などの発想を捨て、「現地集合」（送迎なし）、「滞在日数不問」という、一般のボランティアとしては特段珍しくない条件だが、阪神や中越で展開した独自の支援活動と比べると、いささか大雑把な募集要項を発信した。

これは、ボランティア募集期間中、拠点の運営を担当する長期滞在者として、新宗連事務局スタッフを交代で置くことを決め、「何かあれば現場で対応」というスタンスが定まりクリアできた。また、七月からは拠点の長期滞在者についても、救世真教、善隣教から、それぞれ一名ずつ選出協力がありクリアされた。

また、結果として第一次は五月三〇日から六月末、第二次は七月一一日から二七日まで継続的にボランティアを派遣できたが、各教団も単体での被災地支援活動を継続していたり、教団としての支援活動方針は示さず、会員、信徒の任意とするなど、独自の支援活動を展開していたため、当初は充分な人材確保ができないと予想していた。

しかし、第一次では事前調査から積極的に参画した解脱会が、第二次では松緑神道大和山が中心となり、継続した支援が実施できた。松緑神道大和山は奥羽、東北地方に多くの拠点があり、独自の支援活動も展開していたが、その活動をさらに拡大して新宗連青年会に参画した。のべ一一教団から二八七名が唐桑町でのボランティア活動に勤しんだ。また、新宗連青年会は中央組織の他に、全国を一一地域に分けた「連盟」組織があるが、「教団本部」としては、新宗連青年会の支援活動にコミットしないが、連盟組織を通じて、立正佼成会やＰＬの青年もボランティア活動に参加した。さらに、地元である東北連盟は、新宗連青年会が撤退した後も八～一一月の週末を中心にＲＱにボランティアを送り続けた。このように、各教団と地方連盟等、既存の内部組織がそれぞれできるかたちで参画、協力した。また、これを調整する事務局側も加盟教団からの要望や提案は「すべて被災地の復旧復興を願っての善意」と受け止め、臨機応変に対応できたことも大きかった。

四　宗教者としての視座に立った伴走者的支援

ボランティア派遣は、唐桑町における被災者の大半が仮設住宅に移った七月末に撤退したが、震災発生から半年を迎える九月、保積委員長の強い要望により、東日本大震災犠牲者慰霊使節団と題し、九月一三日から一六日まで、六教団一三名の青年により、福島県南相馬市から岩手県大槌町までを北上しながら慰霊する旅を実施した。この旅では、五月に新宗連青年会で作成した慰霊と復興の願いを記した「追悼祈願文」を各地で読み上げた後、各教団の様式で祈りを捧げた。

新宗連加盟教団は、仏教、神道、諸教と各教団によってそれぞれ独自の「祈り」がある。そのため、この祈願文の活用方法については各教団の任意であったが、この旅では必ず全員で奉読した。今でも、毎月一一日には、朝夕の祈りの後など、この祈願文を読み上げているという青年もいる。祈願文の結びに「私たちは、今なお深い悲しみや絶望を乗り越え、懸命に努力している方々がいることを決して忘れず、日々真心で祈りを捧げます」と記している。「被災地を決して忘れない」という一人ひとりの一念の積み重ねが、具体的な行動や活動につながっていると感じる。

新宗連青年会は、二〇一二年と二〇一三年「ユースフォーラム」という行事を奥羽連盟、東北連盟と、いずれも東日本大震災被災地を包括する連盟の受け入れで開催した。犠牲者の慰霊供養をはじめ、「真の支援のあり方」、「新生復興」、「一陽来復」などのテーマを基にしたプログラムを行い、宗教青年として何ができるかを探求した。専従の宗教者ではなく、いわゆる「在家」の会員、信徒が中心の新宗連加盟教団は、日常的活動の中で、伴走者のように人に寄り添うことができる。そして「忘れない」という、一つのキーワードから、それぞれの信仰、教義に基づいて具体的な行動を生み出す力を持っている。

二〇一二年以降も、新宗連主催による「新生復興祈念集会」を福島市や神戸市で開催している。また、青年会関東連盟では、毎年二〜三月の週末一泊二日を使って被災地支援ツアーを実施、二〇一四年からは東北連盟との合同プログラムも行っている。

災害現場での支援活動は、私自身にとっても初の体験だったが、「私たちの行う活動がどれほど被災地に貢献できているのか?」ずっと疑問を抱き、葛藤しながら支援活動を続けていた。しかし、私の心情とは逆に、未曾有の災害に遭遇した被災地に行くたびに、いつも肌身に感じたことは、困難な状況下にありながらも「もう一度立ち上がろう」「やり直そう」「前進しよう」という前向きな意思と、その空気に呼応し、被災地を支援しようと集まってきた人たちの善意がほとんどであった。

新宗連青年会が展開した支援活動の質や量、また「宗教者、宗教団体は積極的に社会貢献すべき」などの主張や評価は別として、こうした「人間の心の奥底を突き動かすような雰囲気」「宗教者の信仰的情操に影響を与えるような空気」に触れることは大切であり、宗教青年にとって貴重な機会であると感じている。

ＷＣＲＰ日本委員会の東日本大震災への取り組み

篠原祥哲

仙台市に開設した現地事務所所長として、被災状況の集約、被災者や支援関係者との積極的な協働を行った。諸宗教の連合体である点と国際宗教ネットワークを有している利点を活かした支援活動が特徴的である。

プロフィール
しのはら・よしのり　一九七一年東京都生まれ。一九九八年英国ブラッドフォード大学大学院で平和学修士号を取得。二〇一四年東北大学公共政策大学院修士課程修了。二〇〇五年よりＷＣＲＰ日本委員会に勤務し、現在、同会平和推進部長。二〇一一年一二月より東日本大震災の復興支援のために仙台事務所所長に就任し、心のケア、地域コミュニティの再構築、社会的弱者への取り組みなどを行う。

一　ＷＣＲＰとは

世界宗教者平和会議（ＷＣＲＰ）は一九七〇年第一回ＷＣＲＰ世界大会が京都で開催されたことを契機に、世界のさまざまな宗教者が協力して平和活動を行う国際組織として創設された。一九九六年に国連経済社会理事会の総合協議資格を得て、現在九〇ヶ国にＷＣＲＰの国内ネットワークが存在している。日本の組織としてのＷＣＲＰ日本委員会は、第一回ＷＣＲＰ世界大会を受入した日本宗教連盟国際問題委員会を母体に発足し、二〇一二年から公益財団法人となった。軍縮、貧困撲滅、環境保全、中東・アジア地域等の紛争和解への取り組み等を実施している。

二　災害支援におけるＷＣＲＰの特徴

東日本大震災に際し、ＷＣＲＰ日本委員会は主に①諸宗教の連合体である、②国連とつながる国際宗教ネットワークがある、というＷＣＲＰ独自の特徴を活かした支援活動を目指した。一方、そうした特徴がある反面、災害支援に対してＷＣＲＰの課題点も当初から認識されていた。それはこれらの特徴と裏表の関係であるが、①宗教者の単一組織ではなくさまざまな宗教の連合体であるが故、震災対応という迅速な協働が可能か、②国際ネットワークを有しているが、主たる事務所が東京にあり、東北、主に岩手、宮城、福島におけるＷＣＲＰの支部、または日頃から関係の深い諸宗教組織がほとんどないため、現地の実情を的確に認識し、地元の方々との協力体制を築けるかということである。

三　緊急支援活動

震災直後の緊急フェーズにおいてＷＣＲＰ日本委員会は支援で必要とされる専門的な救援に関する知識や技能をあまり有していなかったため、被災地で直接的な支援を行うまでに至らなかった。そこで震災発生直後の取り組みとして行ったのは、被災地に義援金と支援金を届けるための緊急勧募活動である。

WCRP国際委員会やWCRP日本委員会に所属する宗教者・宗教団体に街頭や組織内における募金を呼びかけ、その浄財を必要とされるところに届ける活動に重点を置いた。緊急勧募の結果、震災から三ヶ月間で約二億六千万円の浄財が所属団体やWCRP賛助会員から集まり、その内の半額にあたる一億三千万円を地方公共団体や社会福祉協議会など三五団体への緊急支援にあてた。支援先の決定にあたっては、WCRPの青年部会や事務局スタッフが現地視察を重ねて得た情報をもとに行われた。

当時、被災地における行政等の支援体制も混乱しており、全国規模の団体や各県で集められた義援金がなかなか被災者に届かない状況であることが判明し、WCRPの緊急支援としては、より現場に近い市町レベルへの直接的な支援を考えた。また、多くのボランティアが被災地に入ることが予想され、こうした活動を支えるための基盤整備の観点から、その中核を担う各市町の社会福祉協議会を主な支援対象とした。

四　復興支援活動

二〇一一年六月、WCRPは被災地域の復興が長期にわたることを見据え、当面二〇一六年三月までの五年計画で復興事業を行うことを決めた。①「失われたいのちへの追悼と鎮魂」、②「今を生きるいのちとの連帯」、③「これからのいのちへの責任」という復興方針を掲げ、新たに「震災復興タスクフォース」（特別事業部門）を設け、刻々と変化する被災地のニーズに対応し、より活動の機動性を高めるために組織内においても意思決定の迅速化を図った。そして活動範囲を岩手、宮城、福島の三県とし、現地（仙台市）に拠点を設け、被災状況の集約や、被災者や支援関係者との積極的な協働を目指すこととなった。

WCRPの具体的な支援のあり方は、毎年、被災者の方々、行政、医師、学者、民間団体など復興に携わる関係者を招いて「復興に向けた宗教者円卓会議」を開き、宗教者に求められる役割について意見交換することで決めていくことにした。二〇一二年仙台、一三年福島、一四年仙台、一五年東京と開催してきた。その中から復興における宗教者が取り組むべき領域として「心のケア」「地域コミュニティの再構築」「社会的弱者への寄り添い」「放射能被害への取り組み」「祭り・伝統芸能を通した宗教・文化基盤への支援」の五つの分野とし、そこから約一五〇のプログラムを「今を生きるいのちへの連帯」として支援活動を展開してきた。

特に、宗教者の役割として「いのち」「死」に向き合う「心のケア」の取り組みを重視し、東北大学が行う「臨床宗教師」の養成講座への支援や、宮城県宗教法人連絡協議会の「心の相談室」と協力して傾聴ボランティアや電話相談・ラジオによる宗教者のメッセージの発信などを行った。個々の被災者の方々へのケアとマクロな観点から被災者を励ますことに取り組んだ。またコミュニティ機能の回復と被災者の孤立を防ぐため、コミュニティの基盤となっている宗教施設の再建や祭り、伝統芸能などの行事の復活にも力を注いだ。さらに、被災地の町づくりを担う若い世代を対象にした人材育成セミナーや、原発事故の影響で外出できない福島の子供たちを受け入れ、保養キャンプ等を実施した。

二〇一四年からは福島の住民による主体的なコミュニティづくりを支援することを目的に「フクシマコミュニティづくり支援プロジェクト」を実施している。〝ママカフェ〟や高齢者による見守り運動といった取り組みを九〇団体ほどに支援させていただいているが、これらの多くの団体は行政が行き届かないもっとも深刻な課題に取り組んでおり、いわゆる復興における「弱者」への寄り添いを行っている。WCRPは最弱者層への特別な配慮ということを宗教者本来の使命と認識し、その一端をこのプロジェクトを通して果たすことを目指している。

五　震災復興キャンペーン

また諸宗教連帯の特徴を活かす意味で、被災地以外の取り組みとして「東日本大震災を決して忘れない」というテーマのもと「震災復興キャンペーン」を日本全国で実施している。これは震災の風化が懸念され始めた二〇一二年から毎年三月～五月に集中実施している意識啓発のための取り組みである。

ＷＣＲＰに関係する団体・個人に、①追悼と鎮魂ならびに復興合同祈願式の参加、②三月一一日～二一日の一一日間、一四時四六分の一分間黙祷の実施、③復興支援募金への協力、④復興ボランティアの参加を呼びかけている。東日本大震災で犠牲になられた方々を忘れず、また現在でも厳しい避難生活を送られている被災者の方々に意識を向け、自分にできる支援のあり方を考える機会としている。特に「失われたいのちへの追悼と鎮魂」の方針の通り、祈りへの呼びかけこそ宗教者の活動の根幹となすものと考え、祈りを通して東日本大震災に心を寄せることを目的としている。

六　考察

最後に本論文の冒頭で述べたＷＣＲＰ日本委員会の特徴がどのように震災対応に活かされたかを考察してみたい。

一つ目は諸宗教の連合体という特徴である。この特徴は特定の宗教組織に属する信者・会員以外の被災者の方々への支援の際に有効であったと考えられる。一つの宗教団体で支援活動を行う際に、支援対象者から信者・会員を増やすためではないかという疑念を持たれる場合があるが、異なる宗教者が共に協力して取り組むことによって〝布教を目的としない〟支援という意思を明確に提示することができた。また行政と協働する際、行政側は、時に政教分離原則の形骸化した解釈によって宗教との接触を極端に嫌うケースがあるが、一つの宗教ではなく諸宗教が協働して行うことで、行政側の宗教に対する接触へのハードルが低くなることもあった。

また緊急フェーズにおいて短期間で多額の勧募活動を行うことができたのは、WCRPというネットワーク型組織の利点でもあった。国内外の日頃からのつながりによって財的資源を集約することが可能になったのである。

しかし一方で、緊急時、WCRPとしての具体的な人命救助や瓦礫撤去などの緊急活動を行うことができなかった。現地での緊急的な取り組みはそれぞれの宗教宗派による動きが、よりスピーディーで機動的であったと考えられる。その点、連合体としてのWCRPの取り組みは限定されたものとなった。

二つ目は国際組織であり、被災地「外」組織という特徴である。WCRP日本委員会は、復興方針の一つである「これからのいのちへの責任」として、このたびの震災の教訓を国際社会の中で伝えていくことも重要な役割と考えた。二〇一五年三月、第三回国連防災世界会議が仙台で開催された際には、そのパブリックフォーラムとして宗教者災害支援連絡会、宮城県宗教法人連絡協議会と共に「防災と宗教シンポジウム」を開催し、国際的な災害ガイドラインの策定に対し、緊急、復旧、復興時の宗教者の役割について提言することができた。インドネシア等の海外の事例を加えながら、東日本大震災における宗教者の教訓に基づいた積極的な提言が可能になったのは、国連NGOという性格によるものであった。この提言は、二〇一六年五月、イスタンブールで開催された世界人道サミットでも報告された。

一方、ＷＣＲＰの関連団体がほとんどない中での、被災地域における関係者・関係団体との連携構築の課題であるが、これは宮城県宗教法人連絡協議会等の地元の宗教者の方々からいただいた多大なご協力の賜物である。ＷＣＲＰの存在をよく認識していないながらも、同じ〝宗教者〟ということで寛大に接していただき、ご協力をいただいた。心より感謝申しあげたい。また、杉谷義純理事長（天台宗宗機顧問）、前島宗甫タスクフォース責任者（元日本キリスト教協議会総幹事）らのＷＣＲＰ日本委員会関係者の個人的な人的ネットワークが、この課題を克服するのに大いに役立った。

その上でＷＣＲＰが被災地域で復興支援を行うことができたことをあえて言及するならば、二〇一一年～一六年仙台にＷＣＲＰ仙台事務所を開設し、より被災地に近いところでコミュニケーションを継続的に行うことができたからと推測する。

仙台事務所では震災の厳しい状況においては、顔を突き合わせての対面、膝詰めの話合い、足を使った調整といった直接の出会いのコミュニケーションが何よりも大事であると考えた。また宗教者以外からの情報収集も心がけた。震災全体の情報を体系的に得ることで非常に役立ったのは東北大学公共政策大学院であった。筆者は二〇一二年四月から一四年三月までそこの修士課程に在籍したが、ここでは復興庁、県庁、ＮＧＯ等からの情報が網羅的に集約され、公共政策というアカデミズムの観点から情報分析が行われた。そのため、時々に何が今被災地で求められているかという宗教関係以外の客観情報を得ることができたことも有用であった。

また、人伝情報ということで、仙台事務所を、支援団体のハブとなっていたせんだいみやぎＮＰＯセンターと仙台市市民活動サポートセンターに置いたことで、日頃から支援関係者と触れ合う機会を持つことができ、現場における活動を通しての生の情報を頻繁に得ることができた。そしてこうした情報やつながりを通して、地元の宗教者や各界の方々に「復興に向けた宗教者円卓会議」に出席いただき、災害における宗教者の役割について熱心に議論を賜ったことが、ＷＣＲＰの復興支援を行う上で非常に有意義なものとなった。

ＷＣＲＰはこれからも東日本大震災の復興支援を継続し被災者支援を続けていく。災害における宗教者の役割とは何か。今後も世界の諸宗教者と共に人道支援を行う中でこれを問い続けていきたい。終わりにＷＣＲＰのこれまでの支援活動に多くの方々のご協力を賜ったことに、衷心より感謝申しあげる。

東日本大震災以後における全国浄土宗青年会の活動について

全国浄土宗青年会という全国各寺院後継者の親睦団体は、被災地支援活動によって大きな成長を遂げた。被災地の僧侶の支援活動を支えた青年僧らの活動から、支援活動を支えるための支援活動のあり方が読み解ける。

東海林良昌

プロフィール

しょうじ・りょうしょう　一九七〇年宮城県生まれ。東北大学文学研究科博士課程後期単位取得退学。現在、全日本仏教青年会理事長、全国浄土宗青年会参与、浄土宗総合研究所研究員、宮城県塩竈市浄土宗雲上寺副住職。東日本大震災発生時、東北ブロック浄土宗青年会理事長として、全国浄土宗青年会との情報共有、ボランティアコーディネート等の活動に携わる。

一　全国浄土宗青年会の活動

全国浄土宗青年会は、一九七〇年に発足し、会員相互の研鑽と親睦をはかり、各都道府県にある浄土宗青年会の連絡提携、及び社会教化に尽くすことを目的としている。会員は一八歳から四三歳までの浄土宗僧侶で構成されている。現在約二四〇〇人余りの会員が全国各地で活動している。本稿では、東日本大震災発生より現在まで、全国浄土宗青年会の役員として活動してきた私の視点から、全国浄土宗青年会（以下、全浄青）の活動を報告する。また到達点と反省点を踏まえ、今後の当会の活動への展望についても述べていきたい。

二〇一一年三月一一日一四時四六分東日本大震災は発生した。発生直後より、被災教区会員や現地情報を得た会員・ＯＢ等より全浄青の公式メーリングリストである四八ネット、公式ツイッター、また役員のフェイスブックを介し情報提供・情報共有が始まる。被災地以外の全国各教区では、発生翌日より、全浄青会員有志による救援募金活動（托鉢）が連日行われた。特に津波被害のあった宮城県内の浄土宗寺院六ヶ寺への支援活動が中心になされていった。その推移を追っていくと次のような流れがある。

震災直後～二〇一一年一二月

震災発生直後は、浸水、道路の分断、ガソリン不足のため、現地での活動は思うように進展しなかった。四月になり、道路環境や被災地の燃料不足が解消されると、全浄青会員が現地入りし、現況報告が多数なされるようになる。四月の支援者のべ人数は二一六名で、教区は青森、秋田、山形、群馬、栃木、東京、静岡、兵庫、岡山、福岡からの来訪である。

四月四日には、全浄青が被災寺院支援ボランティアコーディネートを開始し、この頃から被災教区近隣有志会員が被災地域入りを開始する。九～一二日には、第二一期全浄青理事長及び事務局が、岩手・宮城の津波被災寺院視察を行い、瓦礫撤去作業などに従事した。一二日には、相次ぐ大きな余震が続き、宮城教区からボランティア受け入れ中止要請が出たため、全浄青取りまとめのボランティア受付はいったん中止された。五月に入るとボランティア受付が再開された。主に瓦礫撤去を行い、支援者のべ人数は七三名、山形、東京、神奈川、大阪、佐賀からの来訪であった。

六月は、支援者のべ人数二三二名、青森、秋田、群馬、栃木、埼玉、東京、神奈川、奈良、大阪、兵庫からの来訪であった。

七月は、支援者のべ人数一一二名、栃木、埼玉、東京、神奈川、滋賀、京都、大阪、兵庫、愛媛からの来訪であった。

八月は、支援者のべ人数四六名、東京、京都からの来訪である。一日には、浄土宗災害復興宮城事務所が、仙台市蓮光寺に開所された。

九月は、支援者のべ人数一二四名、北海道第一第二、東京、神奈川、奈良（仮設住宅訪問）、大阪からの来訪であった。一〜四日には、「第一回ご遺跡《ゆいせき》復興プロジェクト」と題し、墓地境内瓦礫撤去が行われた。宮城教区西光寺（石巻市）では、（社）日本石材産業協会との共同作業として行われ、山形、宮城、茨城、東京、神奈川、長野、兵庫、佐賀より二八名が参加した。

一〇月は、支援者のべ人数四二名で、東京からであった。二三日には、浄土宗総本山知恩院（京都）にて、法然に対する報恩謝徳、及び震災物故者の追悼の法会として、法然上人八百年大遠忌大別時念仏会が行われている。

一一月は、支援者のべ人数二五名で、東京、京都からの来訪であった。一五日には、「第二回ご遺跡復興プロジェクト」が宮城教区照徳寺（仙台市）、西光寺で行われ、（社）日本石材産業協会と六名の兵庫からの会員が作業を行った。

一二月一一日には、仙台市若林区七郷地区連合町内会主催による東日本大震災慰霊祭が、仙台市深沼海水浴場にて行われ、仙台市浄土寺の依頼をもとに、宮城、北海道第一・第二、栃木、東京、尾張、福井、兵庫

（法要と炊き出し）から一五名の出仕があった。一三日には、宮城教区浄念寺（気仙沼市）主催による、東日本大震災物故者追悼法要が行われ、全浄青側からは歳末ということもあり参加人数は五名で、宮城、栃木、東京、兵庫からの参加であった。

二〇一二年〜二〇一三年

二〇一二年に入ると、一月一三日には、浄土宗災害復興福島事務所（いわき市）が、同じく三月一日には浄土宗災害復興岩手事務所（陸前高田市：浄土寺）が開所された。一一日には、東日本大震災一周忌法要が、岩手教区浄土寺（陸前高田市）、宮城教区浄土寺（仙台市）、浄正寺（山元町）、西光寺、深沼海水浴場で行われた。参加人数四七名で、宮城、北海道第一・第二、栃木、東京、神奈川、福井、兵庫、出雲、石見からの参加であった。翌一二日には、「第三回ご遺跡復興プロジェクト」として震災ごみの仕分け作業が、西光寺で行われた。参加人数は一一名で、北海道、兵庫、山口、大分からの参加であった。この頃から、全浄青事務局経由のボランティアから、各教区がそれぞれの縁で直接寺院への支援を始めるようになり、支援者人数の把握は困難になった。一一月二八日には、全浄青別時念仏会が浄土寺で行われた。

二〇一三年二月六〜七日には、第三十八回全浄青総合研修会が、福島県いわき市ホテルスパリゾートハワイアンで行われた。三月一一日には、東日本大震災三回忌法要が各地で行われた。参加人数は五〇名で、北海道第一・第二、兵庫、京都、奈良、出雲、三州からの参加であった。翌一二日には、「第四回ご遺跡復興プロジェクト」として、遺骨整理と瓦礫撤去が、西光寺で行われた。支援者人数二三名で、北海道第一・第二、兵庫、京都、奈良、出雲、三州からの参加であった。そして一一月二九日には、全浄青別時念仏会が仙台市広瀬文化センターで行われた。

二〇一一年四月～二〇一三年一一月まで、全浄青が主導する事業について紹介した。これ以降は、浄土宗災害復興事務局が設置されるなどして、そちらでボランティアのコーディネートや事業の企画などが行われたので、全浄青は会員単位で、それらの事業に参加した。またボランティアなどで関係性が結ばれた寺院に対する法要出仕やイベント支援が会員や教区青年会単位で行われている。このように全国浄土宗青年会は、震災発生直後より、浄土宗における実働団体として、被災地の支援活動にあたり、状況が沈静化するにしたがい、宗の行政にその業務を移管し、宗の事業に協力するかたちを取り、各ブロック、各教区、個人単位で活動に取り組んでいった。

二　写真型仏壇の配布と「ともいきカフェ」

また、震災以降に全浄青や関係団体が取り組んだ、特筆すべき活動も行われた。まず、写真型仏壇の配布が挙げられよう。礼拝対象である浄土宗本尊阿弥陀仏、宗祖法然、高祖善導や、先祖の位牌が仏壇ごと流されてしまった檀信徒のために、フォトフレームに阿弥陀仏像の写真を配置した、写真型仏壇を配布した。これは生活再建をし、新しい仏壇を求めるまでの仮の礼拝対象として、被災地域の寺院を通じて、住民に手渡された。その後、生活再建が進み、仏具や本尊を買い揃えた檀信徒は、写真型仏壇を寺に返納した。

次に、二〇一一年九月には、浄土宗は災害復興事務局を立ち上げ、岩手、宮城、福島の三教区に事務所を設置し、被災寺院及び被災地住民の支援を行った。全浄青は、復興事務局との連携を図り、ボランティア人員への補助や、一人四千円の助成金支給（署名捺印名簿提出）と、各事務所の企画する炊き出し活動や法要出仕等の支援を行った。

また、東北ブロック浄土宗青年会では、二〇一二年度より「ともいきカフェ」を実施している。ともいきカフェは、被災地域の仮設住宅や寺院などで、温かな汁物や、コーヒーなどの飲みものを配布し、住民たちと和やかな時間を過ごすのを目的としている。二〇一四・二〇一五年は、宮城県塩竈市の離島寒風沢で落語会を催した。このように、さまざまな創意工夫のもと、被災地支援の活動がなされた。

これまで見てきたような東日本大震災以後の全国浄土宗青年会の活動の推移について述べていきたい。まず、二〇一一年三月一一日発生直後には、物故者の葬儀（これは地元の会員が、自坊の活動として行う）、瓦礫撤去、被災寺院境内・墓苑美化作業、礼拝対象となる本尊の配布、義援金募金などが行われた。

特に、浄土宗宗祖である法然の「念仏の声するところ、みなわが遺跡《ゆいせき》」の言葉に基づき、被災寺院を法然のご遺跡と捉え、被災地住民が日常的に行ってきた墓参や礼拝の再開に向けた活動が行われてきた。

そして、発生一年後以降は、避難所から仮設住宅へという住民の生活状況の変化に伴い、住民・遺族の孤独感が強まった。そこで、カフェ活動等の訪問活動などが行われたが、僧服ではなく普段着で訪問した。それは、第二次世界大戦後の社会風潮として、公的な場における宗教の排除の影響がある一方、より僧侶に親しんでほしいという、青年会会員の意思によるものであった。

普段着の活動の一方、物故者追善法要への出仕では、もちろん僧服での活動が行われた。特に青年僧の集団が正装で法要を行うことは、法要参加者の抱く寂寥感への寄り添いにつながったと思われる。

三　おわりに

これまで全国浄土宗青年会の活動の振り返りと報告を行った。私たちの活動は、被災地住民やその支援活動に当たる地元僧侶の思いに基づいて展開された。

　ボランティアに赴く僧侶のその多くが青年会会員、すなわち全国各寺院の後継者であった。参加者には事故の発生に備え、各地域の社会福祉協議会などで、ボランティア保険に加入することを勧めた。それでも支援中の二次被害で、寺院の業務が遂行不可能な怪我や、死亡などの事故が万が一発生した場合、どこに責任の所在があるのかという疑問が呈された。ボランティア作業中の粉塵の吸入による将来的な健康被害を心配する声も上がった。そのためにも名簿の保管などを行っておく必要がある。巷間で話題になっただけであったが、今後青年会や宗として考慮する必要があろう。

　被災地の浄土宗寺院を通じての活動であったため、限定的な活動であったと位置づけることも可能だと思われるが、今回の活動を通じて感じたのは、地元僧侶や寺院が、社会的信頼や、地元住民に対する広範なネットワークを有していることであった。そのことにより、普段の寺院は特定の宗派の檀信徒を中心とした社会への関わりであるが、災害時には潜在的な社会性が発露し、檀信徒以外の住民が寺院に集うようになった。その時に宗派仏教青年会である私たちは、住民に対する物心にわたる取り組みを行っている地元僧侶や寺院をサポートすることで、被災地での支援活動を行うことが可能となったのである。

　このような東日本大震災以降、被災地支援活動を行ってきた実績は、これまでは親睦団体として存在していた全国浄土宗青年会が、会として宗の実働団体として成長できた証であった。今後も災害時に寺院に必要な設備の検討、物資の備蓄、心のケア研修、非常時の連携体制作りなどの企画・実施が行われていくと予測している。

曹洞宗青年会の代表者、福島の一寺院の住職として経験した、東日本大震災と原発事故。情報の適切な収集と発信手段、震災後のボランティアの増減やスタッフの疲弊にどう対応したかを踏まえた、行き届いた助言。

プロフィール

きゅうま・たいこう　一九七〇年福島県生まれ。駒澤大学仏教学部卒。大震災発生時は全国曹洞宗青年会長として災害復興支援活動に従事。現在、支援室分室主事、全国曹洞宗青年会災害復興支援部アドバイザーとして支援活動を継続。チャイルドラインふくしま事務局長兼理事。福島県伊達市龍徳寺住職。

震災で起きたこと

久間泰弘

一　はじめに

本稿では、全国曹洞宗青年会災害復興支援部／曹洞宗復興支援室分室（以下、全曹青支援部／分室）のこれまでの震災復興支援活動において発生した問題点、そして、その対応と結果について言及していくのが目的であるが、ここでは主に組織内での事象を記したい。

二　震災当初（二〇一一年三月〜二〇一一年六月）

【情報収集と精査、発信】

〈問題点〉

震災当初（約一〇日間）は、被害が広域で甚大であったため情報が圧倒的に不足し、支援において、「いつ」、「どこで」、「何が」必要なのかを正確に把握することが困難であった。よって各所で情報が錯綜し、被災者側のニーズと支援者側のニーズを適正にマッチングできるまでに時間を要した。また、大量に寄せられた情報の内容を精査する必要も生じた。

〈対　応〉

当時、通信が不安定な状況にあった電話や限定的なマスコミ報道ではなく、比較的安定したコミュニケーションが可能であった「メール」による情報収集を目的として、全曹青支援部メーリングリストを作成。全国の各曹洞宗青年会（当時、全国各都道府県四九団体。以下、各曹青会）の代表者、ボランティア有志などの「情報連絡員」に登録いただき、被災地における被害状況や支援ニーズを収集した。

また、情報の精査については、震災一〇日までは支援活動に必須である客観的（被害状況）情報に加え、情報連絡員の主観的（感情的）情報についても発信していたが、その後は支援活動に資する情報のみを精査発信するように配慮した。

〈結　果〉

災害復興支援活動の初期対応において、現地情報を収集発信することで二つの大きな効果が得られた。

まず一つは、情報収集によって被災地の現状を正確に理解し、必要な支援対応を取ることが可能になったこと。

そして二つ目は、情報を発信することで全国各曹青会員各位の情報収集の自発性を促したことである。これにより、時間の経過とともに全曹青支援部員以外の各曹青一般会員などからも積極的に情報が寄せられるようになり、より豊富で詳細な情報を集約することが可能となった。また、被災地の具体的な窮状などを広報することによって、会員の支援活動への意識啓発にもつながり、その後の活動者の確保・増員にも大きく寄与した。

【現地活動拠点の設置】

〈問題点〉

実働を伴う支援活動を展開するには、被災現地への活動拠点設置が望まれるケースが多い。これは、被災地における災害対策本部（行政）やボランティアセンター（社会福祉協議会に設置されるケースが多い）、各支援団体との緊密な連携が可能になり、各関係機関との〝顔の見える〟信頼関係を構築できることが大きな理由である。

〈対　応〉

今回の大震災では、震災発生当時に全曹青会長・災害復興支援部の責任者であった筆者の所在地、福島県伊達市の成林寺内に全曹青災害復興支援現地本部（以下、現地本部）を設置し、全曹青の災害復興支援活動の拠点と定めた。

〈結　果〉

被災地での災害復興支援活動に関する情報収集・発信の正確性、また、現地における意思決定を可能にし、支援活動の迅速性、積極性を確保することにつながった。

さらに、成林寺の所在地は、福島県被災地沿岸部に近いことに加え、福島県北地域に位置することから、宮城県、岩手県への活動展開も可能となった。復興支援活動において現地拠点を定める場合、その設置は機縁によるものが大きいが、可能であればその後の活動期間・場所やフェーズの変化を予想し判断決定していくことが重要である。

三　震災初年度（二〇一一年六月〜二〇一二年三月）

【ボランティアコーディネート】

〈問題点〉

活動当初の現地本部では、主に全曹青役員がその運営を担っていたが、緊急支援期から復旧復興期への移行（約三ヶ月間）とともに、被災地内での人員確保と職務引き継ぎが必要となってきた。これは、長期にわたる支援活動において、現地状況や活動ニーズをより詳細かつ迅速に把握してコーディネートするため、限定された期間に被災地入りする外部スタッフよりも、被災地内の現地スタッフによる調整が有効であると考えられるからである。

〈対　応〉

支援活動のコーディネート（活動調整）、現場リーダー（ボランティア活動時の現場責任者）、プレイヤー（ボランティア活動者）の三役を兼任可能な支援部事務局員を若干名確保した。彼らは、復興支援活動の初期から自発的に活動していたボランティアスタッフの中から採用した。

〈結　果〉

事務局員の積極的かつ献身的な職務遂行により、復興支援活動時の被災地と支援ニーズのコーディネート分野が大きく前進した。特に、外部からの諸連絡や活動要請に対し緊密な対応が可能となったため、ボランティアの人材や物資などを〝点から線〟につなげる役割を果たした。

四　震災二年目から現在（二〇一二年三月〜二〇一六年一月）

【風化によるボランティア減少について】

〈問題点〉

被災地で、現在も継続的に語られ各種対応が図られている「風化」についてである。時間が経過すると個人、社会全体の関心が薄れていくが、それらを客観的に証明するデータとして、「被災地でのボランティア活動者数（全国社会福祉協議会公表データ）」の推移がある。ボランティア活動者数の最多時期は、二〇一一年五月の一八二四〇〇人、最少時期は二〇一五年一月の三〇〇〇人（最多、最小ともに、岩手県、宮城県、福島県合計）であり、これらの状況は、私たちの復興支援活動にも少なからず影響を与えた。

〈対　応〉

全国各地での研修会などで、被災地の状況、被災者の声を代弁（アドボカシー）することが活動者の確保、今後の復興支援活動には不可欠と考え、主に被災地外からの要請に対して積極的に出向し、被災地の現状を伝えることで、ボランティア参加の意識啓発に取り組んだ。

また、全曹青、曹洞宗の機関誌への復興支援関連記事の掲載、並びにＳＮＳへの活動報告など、継続的な情報発信を通じ、全国のボランティアの意識をつなぐことに努めた。

〈結　果〉

「風化」への対応については、被災地の現況を理解すると同時に、被災者の感情を共有することが最大の方法である。被災地の人間が全国各地に赴き、「被災地に何かできることはないか」と感じている被災地外の有意の人間にその情報を伝えることでボランティア活動への意識喚起につながり、被災地でのボランティア活動という直接支援はもちろん、文通、写経、支援金寄託など被災地外からの間接的支援にもつながった。

【活動場所と活動内容変化への対応】

〈問題点〉

震災発生時から、岩手県、宮城県、福島県、長野県という広域での活動を展開した全曹青支援部／分室であったが、時間の経過による各地でのボランティア活動者の減少などから、あらためて活動地域の検討を迫られるようになった。また、その活動内容も復旧復興の進捗状況により支援ニーズが以前とは異なってきていた。

〈対　応〉

それまでの活動範囲や活動内容変更の必要性が生じた場合は、現地活動の受け入れ先の行政や社会福祉協議会、各支援団体、また、時には仮設住宅自治会との確認作業をその都度行った。

〈結　果〉

その時、その場で必要とされている活動人数や活動内容を協議確認することで、被災現場とのさらなる信頼関係を構築することが可能となり、活動者側も自分たちの都合による支援形態に留まることが許されない状況を理解していくことで、被災者の方々の立場をより受容していくことができた。

五　震災三年目から四年目（二〇一三年〜二〇一四年）

【スタッフのスキルアップとトラウマケア、ストレスケア】

〈問題点〉

震災発生後から走り続けてきた支援部（現地本部）／分室スタッフも、被災地復興の各局面において新たなスキルを獲得していく必要性に迫られてきた。それは、活動コーディネーターと現場リーダーの役割である。これまでは、その役割を特定のスタッフが専任することにより、活動先の行政・社会福祉協議会・生活支援相談員との信頼関係を担保してきたが、支援活動が軌道に乗ってくることによって、その活動頻度や活動範囲が拡充し、担当スタッフの業務負担の増加につながってしまった。さらに、それらスタッフのストレスにより、他のスタッフとの連携や人間関係にも影響が出るようになり、結果、全体の業務効率が低下した。

また、支援活動を継続する中で、スタッフの過去のトラウマが再生されるようになり、その後現地活動が困難になったケースも出現した。

〈対　応〉

特定の人間に負担が集中しないよう、活動場所ごとにコーディネート担当をそれぞれに決めて対応するようにした。また、スタッフ同士のコミュニケーションの機会をより多く設け、丁寧にブリーフィング（事前確認会）を実施した。まず、週ミーティングを実施し、スタッフ間の情報共有と活動に際しての目的を明確にすることで現場での不安を軽減するように努めた。トラウマを抱えたスタッフには、メンタルケアの有資格者が当人との個別相談機会を設け、時間を掛けて対話による回復を待つのと同時に、業務担当を変更するなど、決して無理をしない環境づくりに努めた。

〈結　果〉

役割分担の明確化については、分掌の曖昧さが解消され、各スタッフの心的ストレスを軽減できた。また、ブリーフィング実施の効果としては、活動の際の時間配分（開始、終了時刻、活動内容の時間内配分など）や、現場での役割（リーダー、サブリーダー、活動スタッフなど）を事前に理解することで、活動時の無駄な確認時間などがなくなり、より円滑な活動を実現することが可能となった。このことは、活動者側ばかりでなく、各所での行政・社会福祉協議会などの受け入れスタッフや、被災者の方々にも信頼を得られることとなった。

トラウマを抱えたスタッフについては結局退職することとなったが、個別対応後からは事務職に専念し、自らの意志で当初の退職時期を二ヶ月先延ばしし、一定の達成感を得ての決断となった。

六　まとめ――震災五年を迎えて

東日本大震災からまもなく五年を迎えようとしている。いま、これまでの支援活動を振り返る中で正直すべてを思い返せないが、ただ必死で毎日を進んできた感を覚える。しかし、それと同時に、各所各時期に出会った被災者、支援者の喜怒哀楽の表情を忘れることはできず、その表情、その声を今でも鮮明に思い出せるのである。

被災地では、五年という時間の区入りをもって、支援を終了する団体・個人が増えている。確かに復興支援と生活支援の境目が曖昧になってきている面があり、ボランティアセンターなどを通じて活動する一般ボランティアにできる内容は少なくなってきているかもしれない。また、継続すること自体が目的になってはいけないといった事実があることも確かである。

私自身、これまでの活動において、〝人に寄り添うことは困難である〟ということを実感できるようになった。しかし、だからこそ、そこに身を置き、目前の状況を理解し、その変化に対応して、活動を継続していくことが大切である、ということも同時に学んだ。

これまでの被災地支援を通じてつながった、被災者、支援者同士の笑顔や優しい言葉掛けが、これからの被災地復興には変わらず必要とされているということも、東北の被災地におけるもう一つの事実だということを忘れてはいけない。

災害支援担当者への申し送り

教団の災害対策本部責任者としての経験から将来に向けて「申し送り」。活動の背後には、信者の実践力、事務局の機動力と運営力、教団トップの強い意思があった。具体的な留意点は宗教教団でない組織にも参考になる。

西川勢二

プロフィール

にしかわ・せいじ　一九四八年佐賀県生まれ。東京大学農学系研究科を経て、真如苑事務局入局。教学部等勤務ののち、現在は教団の教務長補佐。その間、高齢者福祉のユニベール財団、一九九五年阪神淡路大震災の発災時には、真如苑の救援ボランティアSeRV（Shinnyo-en Relief Volunteers）の立ち上げに関わる。二〇一一年三月の東日本大震災にあたっては、教団の対策本部の責任者を務めた。

一　はじめに

東日本大震災から五年、すなわち宗教者災害支援連絡会発足から五年。ここまでの歩みをまとめる出版が企画され、寄稿せよとのお話を頂戴しました。後世、参照されることが多いと思われる意義ある出版の、まして「ハンドブック」と銘打つ本の企図に添う的確な文章は、私には荷が重いと悩みました。悩みつつ、これからのＳｅＲＶ（Shinnyo-en Relief Volunteers）は、こうあるべきという思いだけはしっかりとあることに気づき、そこで、変則的ではありますが、「ＳｅＲＶへの申し送り」という、うちうちの伝言のかたちで節目のときの思いを一文にしたためます。

二　震災を振り返る

ＳｅＲＶの活動は東日本大震災発災直後から始まりましたが、今日振り返ると、なぜ、あれをしなかったのだろう。なぜ、あれができなかったのだろう、というあれこれが去来します。

例えば、四月初めの時点で、関西特に神戸方面のご信者からは、ボランティアバスをしたてて被災地サポートに入りたいという熱い思いが寄せられていました。ガソリンの不足もようやく解消されつつあり、東北自動車道も通行できる状況に回復していましたから、それは可能なことだったのです。三週間を経過して、そこにいること自体が、救命救助活動の妨げになるという時期も過ぎつつあり、人手はいくらあっても足りず、しなければならないことは山のようでした。

関西からバスで往復する所要時間はどれくらいか、宿泊施設が確保できるか？　まるでツアー会社の企画担当者のように「お客さま」の無理が大きすぎることばかりが気にかかって、決行の決断ができませんでした。結局、ボランティアバスに踏み出したのは七月。実行が軌道に乗ったのは九月、その頃にはさらにたくさんの教区から被災地入りの希望が出されていましたが、関東圏のご信者のみを中心に組み立てました。教団聖職者としてご信者の負担に配慮したつもりです。しかし、皆さん少々の無理は覚悟のうえですから、ザコ寝に不満が出るはずもなく、結果として多くのご信者の熱意を実現できませんでした。

ＳｅＲＶ発足から二〇年。自然災害大国日本では、残念ながらこれからもＳｅＲＶが出動すべき事態は起こります。そのとき、それを担当するあなた。そのとき真如教苑に身を置いているあなた。以下に、自戒と反省を込め、ボランティア実施の要点をまとめ、私の申し送りとしたいと思います。

できたことが今後も継続されていくように。できなかったことが今度こそはできるように祈りながら。

三　まず歴史を知って

大震災勃発から四年半が経った二〇一五年九月、ＳｅＲＶは宮城県石巻市に現地事務所を開設し常駐の担当者を置きました。ここを拠点に、仮設住宅の訪問ボランティアを開始したのです。

なぜ、今になってという疑問があるかもしれません。力のある人たちは仮設住宅を出て、公営災害住宅への移転も始まり、再び近隣を失った人たちが仮設に取り残され孤立を深めていきかねない危惧。一宗教教団のわずかな「おはなし相手、見守りボランティア」がいかほどの力となりうるかという思いもありました。しかし、多くの緊急救援ボランティアが引いた今だからこそ、宗教ボランティアの粘り強い取り組みがふさわしいと考えたのです。そして、これは大きな前進でもあると。

阪神淡路大震災から二一年経った現在も、現地では、真如苑の信者ボランティアによる復興住宅の定期訪問が続けられています。しかし、それはＳｅＲＶではなく「ユニベールボランティア」と呼ばれていることはご存知ですね。当初、私たちはＳｅＲＶで、これを行う計画を立て、周辺への打診を開始したのですが、布教活動をするのではないかという警戒感や、宗教教団と関わった経験のない行政のとまどいは大きく、実現の見通しは立ちませんでした。やむをえず、高齢者福祉の財団「ユニベール財団」に主催者となってもらい、神戸に現地事務所を設置して「おはなし相手、見守りボランティア」を開始したのです。二一年間の実績は、当時の周辺の懸念が杞憂であったことを示しているという自負があります。そして二〇年を越えて、ようやくSeRVが主体となった仮設訪問ボランティアが開始されました。

東日本大震災においても、二〇年前を思い起こさせる警戒感に直面することもありましたが、一面、かつての災害の時にともに取り組んだ顔見知りの社会福祉協議会担当者やNPOのメンバーが「大丈夫ですよ」と身元保証発言をしてくれることも一再ならずありました。そしてこのたび大災害を通して、宗教教団の持つ、施設や人的パワーが緊急時において、活用すべき重要な資源であることの認識が広く深まってきたことには隔世の感があります。

申しあげたいことは、歴史を知れば、今があたりまえではないことがわかるということです。いろいろな教団の、いろいろな人たちの努力があっての今日であり、まだまだ微妙なバランスの上にようやく成り立っていることも多いのです。

四　教団の特徴を自覚して

阪神淡路大震災以降、SeRVは、主だったものだけでも、一九九七年北陸ナホトカ号重油流出事故、二〇〇〇年三宅島噴火、東海豪雨災害、二〇〇一年芸予地震、二〇〇四年台風二一号災害、二〇〇七年新潟中越沖地震、二〇一一年霧島山（新燃岳）噴火、二〇一二年平成二四年豪雪、二〇一三年台風二六号災害、二〇一五年関東・東北豪雨、などに出動してきました。海外では、二〇〇四年インドネシア・スマトラ沖地震及びインド洋津波、二〇一五年ネパール大地震にも取り組みました。

この背後に、積極的な、実践力に富んだご信者の存在があったことを抜きにしては語れませんし、教団事務局の機動力と運営力も大きかったといえます。しかし、何よりも現・継主様の「災害救援には必ず取り組む。ご信者への支援、ご信者でない方への支援、その両方に息長く力を尽くす」という強い意思があります。そして、それは「世のため人のために」宗教の道に立った開祖、霊祖の願いにそのままつながります。教義の根幹に関わる実践であるという理解が共有されていることが重要です。

真如苑はボランティア団体ではありません。早朝清掃奉仕も環境美化運動ではなく、SeRV活動もたんなるボランティアではない。自らの仏性を磨く実践です。信仰にそのまま直結していることが重要なのです。逆説的ですが、だからこそSeRVは発足以来、現場において宗教的な活動をしないことを旨としてやってこられたのだと思います。「SeRVのユニフォームを袈裟だと思って取り組んでいます」というメンバーの言葉が、そのことを端的に表しています。それこそSeRVの宗教性で、これをしっかりと伝承していかなければ、根幹が揺いでしまうことになるでしょう。

五　それぞれを担う皆さんへ——SeRVへの申し送り

ここで、これからを担う皆さんへ、留意すべき点を、思いつくままに少し箇条書きにしてみます。皆さんの行動を縛るものとしてあげているのではありません。決断しなければならないことが、一時に大量に押し寄せてくるのですから、ことに、教団の運営に関わる者、SeRVの専従担当者は、ここにあげたことのその先まで思い描いて、実行不可能と思うなら、その時の教団にふさわしい項目に置き換えて、前に進んでもらえればと思うばかりです。

【教団の運営中枢の方々へ】

①教団業務の忙しさをひとまず判断の外に置く覚悟なくして身を入れたボランティアはできない。決意をしてから、日常業務のやり方を考えよ。

②大災害の場合は、発災から三ヶ月は教団を非常時対応にする。

③ご信者である方も、ご信者でない方もサポートするのだから、教化部門と緊密に連携できるかたちで対策本部を立ち上げよ。

④特に資金枠と決裁基準を明快にし、しかるべき権限を付与せよ。

⑤大災害のときは、時の苑主の迅速な被災地入りを実現せよ。継主様の願いと事績を思い起こせ。

⑥教団進展とともに事務局は巨大な縦割り官僚機構となりつつある。やがて通常の部門業務に邁進する者こそ評価されると思う若手が増えるかもしれない。注意せよ。

【対策本部の方々へ】

①初動は迅速さが命。ボランティアセンターに入れ。情報の中心に人を置け。優れたアイデア、着想こそが重要。

②ヒト、モノ、カネの配置、情報の共有を適切に。活動状況を、対策本部から通常部門に発信し続けよ。

③ご信者の自発的意思はできるかぎり尊重せよ。しかし、ＳｅＲＶの名において行われる活動はすべて把握せよ。

④刻々と変わる状況とニーズを的確につかんで対応せよ。

⑤ＮＰＯや、宗教教団の支援活動の情報が集まるところには人を送れ。
そこは、独善と自己満足に陥らない戒めの場所だ。

【第一線、現場を担当する方々へ】

①ご信者、職員を問わず、自身を含めてボランティアのメンタルに注意を払え。
少しでも気になったら迅速に対応せよ。定期的に接心修行を怠るな。

②現況を迅速に教団外へも発信せよ。
これは宣伝のためではない。情報の共有と連携の糸口とするため。

③大規模かつ長期の避難所運営は経験がない。
教団施設が避難所になるときに備え、しっかりシミュレーションを重ねよ。

六　これからの課題

行政や社会福祉協議会、ＮＰＯ諸団体との連携は、すでに経験してきました。しかし、宗教系の支援活動との連携は経験がありません。ともに協賛団体になること以外に、企業による支援活動と連携をしたこともありません。そこには豊かな可能性があるのでしょうか？

そして「心の復興」につながる支援活動。ご信者の心を支えてきた経験と実績は、どのようにしたら教団の外に持ち出すことができるでしょうか？

未知の大きな課題が目の前に横たわっています。もちろん、私は挑戦し続けます。しかし、その先は皆さんの手に。

おわりに

蓑輪顕量

震災で宗教者が行った支援は多岐にわたる。フェーズ1からフェーズ5にわたるそれぞれの段階で果たした役割は大きい。とくに宗教界は、人々の集まる建物や檀信徒用の会館などを持っているところが多いので、被災直後から避難所として機能したところも多かった。それだけにさまざまな苦悩と直結していたことを改めて痛感させられる。

宗教者の読経ボランティアに始まり、直後の避難所、そして仮設住宅への移転、復興住宅への移転と段階は異なっても、人々の苦悩は終わらない。そのような中で宗教者の果たした役割も、被災者のニーズに基づいたものであった。

一　犠牲者の問題

支援は何も宗教者に限ったことではなく、ＮＰＯやＮＧＯなど公益の組織によって提供される場合も数多くあり、何が宗教者支援の特徴であるのか、その初期の段階では特定することは難しい。物資の支援、避難所の提供などは、行政としてもまた多くの一般のボランティアとしても可能である。そのような視点から見れば、最初の支援では、何も宗教者に限定されるものではなかったといってよい。

震災直後の支援は、生者と死者に対するもので二大別される。悲しい現実ではあるが、災害には必ずといってよいほど死者が伴う。この時、死者をどのように扱うかは、大きな現実的な課題である。今回の東日本大震災は、思いもかけず多くの方が犠牲になったが、その亡くなった方への対応で、宗教者と行政府の間で軋轢が存在したことは否めない。亡くなった後、無造作に「もの」として扱われることを望んでいる人はないと思う。死者をどのように扱うかは、文化の問題といってよいのであるが、地域によって、それぞれ独自の伝統があり、皆、その中で死者を見送るのが通例である。これができなくなってしまったのが、大震災であり、やむをえない側面もあるけれども、宗教者が申し出た支援を、政教分離のかたくなな運用（実は不正確な理解によるものであることが、大石氏によって第二部第四章で詳述されている）から、拒絶するという事態が初期には生じた。これは今後、解決すべき、大きな課題として残ったように思う。

二　緊急避難所の問題

次に生者の場合である。生き延びた人々に対する支援は、直後は物資や生活に関するものによって占められる。地震直後の混乱の中で生活の場を失った人たちが、一日でも早く、寝泊まりのできるところを求めた。これに正面から対応できるのは地方行政団体であり、その場が緊急避難所であることはいうまでもない。しかしながら、今回の震災で痛感させられたのは、場所の不足であり、さまざまな施設が、当座、緊急避難所にならざるをえなかったという現実である。行政府からの指定でなくても、宗教施設が当座の生活の場として開放され、緊急避難所になった例は数多く存在した。

その中で、支援物資の配布などで、困難に直面しつつもそれを解決できたのは、日頃からのお付き合いである例が、数多く見受けられた。この事例は、いかに日頃からの付き合いと準備が重要であるかを示している。なお、この時にも、実際に直面した困難は、政教分離という問題であった。どうやら日本は、戦前の状況に対する反省がゆきすぎて、誤った理解が蔓延しているといわざるをえない。

なお、支援の実際では、宗教組織同士の連携が大きな力を発揮したことが、大滝氏の報告で明らかにされた。こちらも普段からの付き合いが重要であること、それぞれができるかたちで参加することの重要性が述べられている。また、久間氏や阿部氏が報告するように、いかに被災者の状況を把握し、それを発信し、そしてその情報を共有するかということも、被災初期の段階では、忘れてはならない視点である。

避難所での支援で重要な問題は、いかにして避難所を運営するか、またいかにして被災者のニーズを聞き出すかである。実際に何か必要ですかと直接に聞いても、人はなかなか自分の希望や思いを言えないものである。具体的にそのニーズを聞き出す切っ掛けとして、好適な事例が、足湯による支援であった。足を洗う支援は、洗う側にも洗われる側にも、大きな心の変化をもたらす。自我やプライドが強くてはできない。この足湯支援の具体例が辻氏による報告である。

なお、被災者といっても、皆、何らかの役に立ちたいと思っている人であることを忘れてはいけない。ともすれば、被災者を「支援される側」という一方的なイメージでとらえがちであるが、避難所の運営がうまくいった事例を聞いてみれば、被災者による自主的な運営がなされたところがほとんどである。それは被災者の方々の協力があって、初めて可能になったものである。皆、何かしたいという気持ちが、時間が経つにつれ芽生え、自主的な運営組織ができあがったという。この例からも、宗教施設を避難所として解放した場合にも、被災者の方が、その運営の中心に立てるよう支援するノウハウは、まずはいち早く共有すべきものであろう。

三　仮設住宅・復興住宅への移転問題

生活が落ち着き始めてからのフェーズ3または4においての支援は、物質的な支援よりも、生活の再建、および精神的な支援がより重要度を持っていったことがわかる。例えば、仮設住宅や復興住宅への移転は、もとからの人間関係が保てるよう、配慮が必要であることを、藤波氏は報告しているが、ともすれば、これは忘れがちな視点であろう。

また、継続的な支援の重要性も、数多く指摘された。時間が経つにつれ、被災地が忘れられているとの声をしばしば聞くようになったが、ボランティアに入っていた人たちも、しだいに足が遠のいていく時期が、このフェーズ3または4の段階である。それまでは全面的にボランティア活動に従事していた方々が、本来の仕事に戻っていく。このことが背景にあったのではないかとは、容易に想像がつくところであり、それは、ある面、いたしかたないことではあろう。

しかし、一方で、被災者が本当に忘れられていくような事態は、ぜひとも避けたいところである。この点で、ＳeＲＶの西川氏の報告は、震災後の四年半後に現地事務所を新たに開き、支援を改めて決意している点で、注目される。また、実際の経験から見出した支援への戒め、宗教組織同士の連携に対する可能性、及び組織内の活動をいかに組織外に応用していくのか、など、重要な指摘もなされている。

四　生活の再建と精神的支援

さて、フェーズの4または5において、生活の再建がなされていくということは、被災者の方々が自立し、自ら普通の生活者として生きていくことを意味する。この時に精神的な支援が必要であることは、なにも被災者に限ったことではない。しかし、実際に精神的な支援が、被災者にとっては、大きな意味を持っていた。ところが、精神的な支援を提供できる者は、震災の最初から触れ合った、あるいは震災以前からお付き合いのあった地元の宗教者の方などに限定されてしまうようである。

報告会の中でも、「また来ますからねと言って、再び来てくれた方はほとんどいない」という話が出てきていたが、これは、支援は同じ人によって継続的になされる形態が望ましいことを物語っている。実際、東海林氏の報告では、被災者の支援は現地の僧侶に、他の地域の僧侶は、地元の僧侶の支援に当たっていたことがわかる。

確かに、支援は継続的に行うことが望ましい。その中で精神的な支援が自然となされ、また人々に受け入れられていくというのが実態のようである。このことを踏まえれば、支援に入りたいとの志を持ったのならば、場所を限定して継続して入り、名実ともに信頼が築かれるよう、よほどの覚悟をしなければならないものなのかもしれない。金沢氏の報告は、苦悩を抱える人と共にいることの重要性を指摘している。

過去の仏教僧侶の記録の中に、寺院の再建のために全国行脚を始めたが、途中、長く逗留する地ができて、やがてその地の人々に請われて、その地に住み、骨をそこに埋めたという話がときおり登場する。まさしく長く親しく触れ合うようになって、精神的な絆ができ、離れることができなくなったということなのであろう。精神的な支援が可能であるためには、長期の交流が欠かせないことの証左と言える。

また、フェーズの4または5において、精神的な支え、心のケアが必要とされる例が多く発生している。久間氏が整理して報告してくれているが、トラウマケア、ストレスケアが具体的に必要にされる。また、それに対する支援を提供できる宗教者が、限定されてしまうというのも現実のようだ。では、そのような状況のもと、実際に何が宗教者にできるのであろうか。

この場合、できることは「寄り添い」から「傾聴」へ、そして「新たな物の見方、価値観の提供」であろう。報告の中では「傾聴」の例が多かったが、時間が経つにつれ、宗教者としての何かを求められる例が見られた。具体的に、悲嘆、苦しみから脱却のための方策が、求められたのである。時には死者へ手向けるために何かをしてほしいというのが切っ掛けになっているが、それも裏を返せば、生き残った人々の「心残り」、「悩み」が発端であったということができる。この時に、宗教者としての「新たなものの見方、価値観の提供」が、初めて可能になる。

このような視点から見れば、最終的には相手との信頼関係が成立した上で、初めて、宗教的な心のケアが可能になっているということを自覚しなければならない。

五　原発問題

なお、東日本大震災では、初めて放射能による汚染という問題にも直面している。東京電力福島第一原子力発電所の爆発事故にともなう放射能汚染は、深刻な事態をもたらしている。少しでもその被害を減らそうと行われている「保養プロジェクト」は息の長い活動になりそうである。しかし、山本氏の報告にあったように、これも受け止め方によってさまざまな苦悩が存在している。

六　おわりに——災害時の判断と配慮

さて、最後になったが、さまざまな報告の中で、実際に経験した余聞を記しておきたい。それは、宗教者としての心構えに関連すると思われるものである。震災の直後に、周辺の人々が、被災した家を離れ、宗教施設に集まってきたときに、門戸を閉ざす判断をした宗教施設もあったと聞いた。多くの人々が押し寄せてきて、収容できない、少ない人数では対応しきれないと考え、パニックに陥ってしまったのかもしれない。

宗教施設を管理する人の家庭と、宗教施設とが分かちがたく結びついている事例も、現実には多い。そのようなところでは、施設を開放するかどうかは、ギリギリのところでの判断とならざるをえないであろう。宗教者とその家族、及び教団が、いざ非常時に直面したときに、どのように対応するのか、また、その決定権はどこにあるのか、事前に充分に話し合っておくことが望ましい。困難に直面したときに、どのように対応するのかは、その宗教施設を管理する宗教者とその家族の、苦渋の決断がその背景にあることは想像に難くないが、何をもっとも優先させるべきかの判断を誤ってはいけないだろう。ここは、事前に、充分に話を詰めておく必要のある点である。

また、臨時避難所になった場所でのことであるが、災害時の弱者に対する配慮がいかに大切かを考えさせられる事例もあった。臨時の避難所は、災害の直後であり、多くの人々が着の身着のままで集まってくる。この時、災害弱者になるのは、主に女性、子供、老人、病人、身体・精神等の障がい者である。とくに女性の場合には、暗闇の中で性的暴力を受けたが、その時には口外することもできず、苦悩に沈んだ者があったことが報告されていた。プライバシーの問題とも絡んで、臨時の避難所でも、段ボールの衝立、あるいは男女別に寝所を設けるなど、配慮が必要である。時には妊婦や生まれたばかりの乳幼児を連れての避難も、当然、起こりうる。そのような方々への配慮を忘れてはならない。

昨今、政府から助産師協会に、戦争時の対応を考えてほしい、との依頼があったとのことを仄聞したが、実は、災害の中には戦争も含まれる。私たち日本人は、戦争という災害をつい忘れてしまうが、広く世界では、災害の中には、自然災害だけではなく戦争もその一つとして含められ、対応策が講じられている。戦争は避けられる可能性が充分にあると思うが、避けられないのが自然災害である。

被災地の現場では、多くの宗教者の方々が、それぞれのフェーズにおいて、実際に困難に直面し、それを試行錯誤の中から解決していった。その軌跡が、この第一部には生き生きと描かれている。その過程で生まれた解決のための智慧が、多くの人に共有されることを願ってやまない。

第二部　東日本大震災から考える

第一章　支援を支える信仰とその支援の内容を考える――仏教を一例として

蓑輪顕量

一　はじめに

東日本大震災の直後からたくさんの宗教者（ここでは宗教に関わっている専門的な方々の意味で使用したい）が現地に入られ、支援の活動を続けてこられたことは、多くの人の知るところとなった。支援は専門的な宗教者だけではなく、一般の信者の方々も、多数、参加しておられた。仏教僧侶に限らず、神主、神父、牧師、イスラム教の指導者、さらには新興宗教団体の方々も、それぞれの仕方で支援に関わっていた。

さて、本章で扱いたいのは、その中でも専門的な宗教者とくに仏教僧侶の方々の支援と、宗教的な信仰との関わりである。というのは、支援に入った仏教僧侶の方たちが、まず自らの立場を表に出さずに、平服で活動を展開していたからである。

宗教者災害支援連絡会（宗援連）においても、実際に宗教者の方々の支援を数多く聞かせてもらったが、とくに仏教者の方の話を聞かせてもらうたびに、そのような感じを強く持った。

例えば、近くの台湾に目を移せば、同じような支援活動が行われるときに、決して自らの立場を隠してするようなことはない。台湾の東部に拠点を持つ慈済功徳会は、現地で活躍できる委員として、二万人以上の方を擁する団体であるが、統一された紺色の服装をユニフォームとして着用している。そのため、一目瞭然のもとに、その立場の人であることがわかる。そして、慈悲を中心とした菩薩道の実践であるという精神が、支援者の活動を支えている。このように見たとき、日本における仏教者の支援活動は、何かオブラ!トに包まれたような曖昧さを感じざるをえない。本章では、支援を支える信仰とは何なのか、また宗教者が何を自覚し、どのような支援を行ったのかを中心に、宗援連の活動の中から感じたことを整理したいと思う。なお、筆者自身も僧籍に身を置き、仏教学者でもあるため、仏教からの視点が主になることを了承いただきたい。

二　支援の精神的な背景

仏教の中で支援が表に出てくるのは、何も震災の時だけに限らない。古来、支援はさまざまな形態で存在した。東アジア世界における支援の例は、『高僧伝』をひもとけば、そこに早い例が見出される。人々が苦しんでいる、困っていることがあれば、宗教者が中心になって、その解決の道を生み出していた。川に橋がなければ、橋を架けるために寄付を集め、病に苦しむ人があれば、薬を無料で施す施設を作った。日本においては、早く七世紀初頭から、そのような施設の例が見える。聖徳太子創建の四天王寺にまつわる悲田院や施薬院は、歴史にみえる救済の最初の事例である。

また、中世の時代になれば、律宗の叡尊や忍性の活躍が有名である。彼らはハンセン氏病の患者や、非人と言われた被差別階級の人たちを救済した。さらには、流れの速い宇治川に橋を架け、また道路の補修など、当時の人々の日常の困難を解消するため、救済活動を頻繁に行った。その財源のために、道行く人々から関銭を徴収することを幕府から認められていたが、その救済活動が、かえって人々に負担を強いているという批判を述べる者もいた。しかし、いずれにしろ、彼らは人々の現実の困難を解決するために、多くの支援を行っていた。そして、彼らの救済活動の背景にあったものは、利他の精神と、文殊菩薩への信仰であった。それは『文殊師利般涅槃経』の「文殊は貧窮の人々に姿を変えてこの世の中に現れるので、貧窮の人々に布施をすることは、文殊菩薩に布施をすることに他ならない」という記述に基づいていた。この考え方は、叡尊や忍性の救済活動と密接に結びついていた。またそこには、大乗の利他の精神が大きく関わっていた。

さて、では翻って東日本大震災ではどうであったのだろうか。この震災では、僧侶の方たちは、自らの信仰は正面に出さずに活動に従事し、まさしく陰徳を積むことに徹していたような感がする。すでにその救援活動は知られているとおりであるが、その人たちの心の底に存在したものはいったい何だったのだろうか。

三　苦難を前にして

まず現地に住む宗教者らが最初に感じたことは、自らが学んできた教学が、その答えを出してくれるものではないという自覚であったようだ。例えば、東北の曹洞宗のある僧侶は、その報告の中で、悲惨な被災の現場を前にして、自らの教学が瓦解していった経験を話している。しかも一方で、津波の引いた後の静寂さを前にして、ちっぽけな存在である自己を自覚したともいう。すべてが流され、何もかもがなくなってしまったところに、月が煌々と照っている、その情景が心に突き刺さった体験を語ってくれた。そのような原体験の上に、支援活動に入っている。その中で聖徳太子の『法華義疏』に登場する「衆生病むが故に我、病む、衆生癒えるが故に我、癒える」の記述が支えになったとも話している。また、浄土真宗のある僧侶の方も、被災後の仮設住宅に入り、親しい人を失った人たちの悲嘆のケアのために、何とかしなければ、との思いから傾聴活動を展開している。

そのどちらの場合も、自らの問題として震災を受け止めているところが認められる。被災したことに伴う人々の苦難を自らの体験として受け止め、そこから発想しているのであった。被災を他人事として受け止めていたのでは、支援活動そのものが始まらなかったであろう。震災後の支援に入った人たちの話を聞いて確認されることは、皆、自らの問題、すなわち自らの苦しみとして受け止めていたことであった。

これは何を意味するのであろうか。それは、仏教が述べている悲（サンスクリット語でカルナーという。いわゆる慈悲の悲にあたる。本来、慈悲は、慈と悲の二つの心情から成り立つ）の心情が自然とわき上がっていたことではないだろうか。悲は苦を抜き、慈は楽を与えることだ（抜苦与楽）と言われるが、ここに最初の出発点が存在している。

他者の苦しみを自らの問題として受け止め共感し、その上で表れてきた感情は何であったか。その心情は、何とかしなくては、と思うものであったという。これは、苦しむ人々に手を差し伸べる、慈しみ（サンスクリット語でマイトリーという）の感情にほかならない。具体的にどのように行動するのかは、時と場所と必要性に応じ、さまざまに変化していったように思うが、基本的な姿勢は変わっていない。

支援に当たられた宗教者の方々は、自らの心に生じた苦しみへの共感と慈しみの心情に突き動かされて、具体的な支援活動に入ったととらえることができる。

さて、ではそのような共感と慈しみの感情は、人間に先天的に備わった心情であるのかどうかが問われよう。この問いに答えることは困難であるが、さまざまな事例から考えて、どうやら人間の心が持っている本能的な心情のようである。ただし、それが容易に発現される人とそうではない人、また、それが継続できる人とそうではない人という差違はありそうだ。しかし、基本的には、皆が持っている自然な感情のように思われる。

とすれば、支援は宗教者にかかわらず、万人に可能なものになる。では、宗教者らしいところはどこにあるのだろうか。おそらくそれは、その心を継続できるところに特徴があるのではないだろうか。ちなみに、仏教では、人の心情として大事なものに四無量心（四梵住とも）があると説く。それは、慈しみ、憐れみ、他者の喜びを自らの喜びとして受け止める心、中立的な心の四つである。人は誰でもこの四つの心情を起こすことができるが、自分のものとして定着させることはなかなかに難しいと説かれた。だからこそ、その心情を保ち続けることができるように、自らの心を常に整えておくことが大切だと説いた。この心情を継続的に持てるところが、宗教者の宗教者らしいところの一つなのではないかと思う。

四　教学も無力ではない

さて、大震災の惨状を目の前にした宗教者の多くが人間の小ささを実感し、無力感にうちひしがれたという。その中で、それまでに学んできた教学が役に立たないと感じた人たちも多かったようである。しかし、それは、それまでの学びが机上の学びであり、実際に体験したことに裏打ちされたものではなかったということではなかろうか。例えば、仏教に例をとってみれば、教理、教学を含めた思想は緻密になり、形而上学的な部分が強調され、かつ肥大化した。それが教理、教学のすべてと思い込んだところに起因するものではなかっただろうか。

しかし、教理、教学がもたらしてくれるプラスの面もあるように思う。例えば、日蓮宗の僧侶の方々は、日蓮が正嘉元年（一二五七）の大地震に遭遇されたことを思い出し、祖師の体験と今とを重ね合わせ、そこからさまざまな支援活動を展開していったところも見られる。

祖師の思想に現在を重ね、そこから何かを学ぼうとの姿勢も見られる。これは仏教に限ったことではない。また、この災害が何らかの意味を持つものだと考え、そこから活動を展開された方々も存在した。このような点から考えれば、信じる対象としての教理、教学が、活動の原動力になる場合があることは否定できない。これは普通の人でも変わらない。人は、自ら納得することで、さまざまな悩みを超えていくことができる存在でもあるからである。

五　傾聴は宗教者支援の最初

さて、悲しみも苦しみも、時には怒りも、自ら納得のいくような物語を紡ぎ出していくことで超えていく。ところで、医療の現場では、ナラティヴ・アプローチという言葉が聞かれるようになった。そこにおいては、医療者が患者の話を充分に聞き、ともに寄り添いながら治療の道筋を見出している。そこには、患者が自ら納得できるよう、物語を紡ぎ出していることが見出せる。つまり、医療者が補助者として参加し、患者が納得のできる物語を紡ぎ出すことを手伝い、そこから、疾病の治療が行われているのである。その背景には、患者の自己決定権を大事にするという点を踏まえつつ、集団性も大切にしようとする心理が働いている。

実は、震災からしばらく経って、心のケアが叫ばれるようになり、宗教者による傾聴活動が注目されるようになった。これは、医療現場のナラティヴ・アプローチとほぼ同じものであると見ることが可能なのではないだろうか。傾聴活動をこのように見れば、あきらかに被災者の心のケアの一手段として位置づけることができる。そして、そこで見据えられていることは、患者ならぬ被災者が、自ら「納得する」あるいは「思い収める」ことを可能にするために、宗教者がそこにいて、「寄り添い」つつ支援をしているととらえることができる。

このような観点から眺めれば、傾聴はあきらかに人間の普通の感覚、心理のありようを基本に据えて治療を行っているようなものである。そして、悩み、苦しみの解決を、自らの心で「思い収め」ることができるよう支援していることにほかならない。

しかし、宗教者の支援は、これだけではないのではないだろうか。自ら信じるものを持てる、信じられる物語を自ら紡ぎ出すことができる、という方途以外にも、大切なものがあると思われる。次に、この点について触れたいと思う。

六　信仰と救いの手立て

宗教には、癒しや救いの手立てがさまざまに存在している。人間の心の普通のありようからすれば、確かに「納得する」あるいは「思い収める」ことで、問題が解決されることはありうる。しかし、思い収めるということは、実は心に作り出されたもの、いわば一つの信念や概念を、自らの支えにすることにほかならない。

教理、教義を信じることによって、それが支えになるということは、よく耳にすることであり、それは先にも述べた。それに対して、人間の持っている心の構造を捉えて、そこから問題を解決しようとするあり方も存在する。そして、そのようなものが、実は仏教の持っている手立てである。

心のもつレジリエンス（回復能力）が取りざたされるようになって久しいが、新しい物語を紡ぎ出すことによって回復する場合もあれば、別の見方を提示することによって、回復する場合もある。心がどのような働きを持っているのか、それを深く理解することから、レジリエンスが得られる場合もあるのである。ちなみに、仏教の持つ心の把握は、心には戯論（「けろん」と読む）と呼ばれる、物事をあれこれと考える、判断する、名前や言葉を付するという働きがあるととらえるものであった。この判断する働きを識別作用と呼ぶ場合もあるが、とにかく人は、外界を感覚器官や感覚機能を通じて、まずは心の中に対象として描き出す。これがとらえられる対象になる。その次に、この対象を何々であると了承し、判断する働きが生まれる。そして、そこから自動的に、次なる心の働きが生じていく。あたかもつながった鎖のように、さまざまな心の働きが、それは悩みや苦しみであることが多いが、生まれていくのである。

また、心が自然と悩みという働きを生じさせることもある。心の奥底に染みついた記憶が、時おり表面に表れ、念慮となり、その念慮に縛られてしまうということもある。そのような状態を経験したことのある人は多いと思う。そこから、時には自己嫌悪、自己否定の考えが生じ、それが支配的となり、最悪の場合は自殺願望となり、自ら命を絶ってしまうことさえ生じる。

このように、心の中に作り出される主客の働きから始まって、あるいはとらえられる対象がなくとも、自然と念慮が生じるのであるが、とにかく、さまざまな心の働きが生じては滅し、次の働きを生み出していくのである。

ところが、自らの心がそのような念慮を生じさせているのだと了解し、その働きに気づいて、支配されないようになれる人は、意外に少ない。実際、自らの心の働きを対象化して了解することは、普通の状態では起こりにくい。この起こりにくい「深い理解」を体得させることが、宗教者の支援できるところではないのだろうか。

この理解は、私たちが陥ってしまいがちな固定的に物事を見ることから、私たちを離れさせてくれる。実際に、その固定的なものの見方から脱却するためには、そのような物の見方そのものが、自らの心が作り出したものであることを知ることが、まずは必要である。

確かに、さまざまな悩み苦悩を生じさせている現実を解決するためには、その苦悩を引き起こしている現実そのものを解決することが大切なことは言うまでもない。しかしながら、一方で、そのように考えている私たちの心のありようを見つめ、そこから変わっていくことも、もう一つの解決手段なのである。この点で、心のケアは、宗教者が大きく関わることのできる部分である。

このような視点から考察した場合、仏教者が伝えた心の観察は大いに力を発揮する可能性を秘めている。ちなみに、現在、マインドフルネスやコンテンプレーティヴ・ケア（どちらも心に生じる感情を気づきの対象とし、それらにこだわらないようにする療法であり、実質的な相違はほとんどない）と呼ばれる療法は、基本は、仏教の伝えた心の観察法である。

七　支援者自身の心のケア

さて、このような心のありようを深く理解し、自らの心を見つめることができることは、実際、支援の現場に出たときの宗教者にも、役立つものであろう。それは、他者の心に寄り添い、その人の苦悩に耳を傾け、傾聴することから生じる、自らの心の重苦しさにも対応できるようになるからである。

共感の重要性は先にも述べたが、あまりに傾聴に熱心になって、他者の心に同調しすぎてしまうと、同じような苦悩の影響を受けることになる。これを回避するためには、宗教者のためのカウンセリングが求められる。そうすると、またその人のカウンセラーが必要となり、無限に遡及しかねない。そうならないためにも、具体的に自らの心も整えていくことが、宗教者としての支援者にも望まれる。

宗教者が他者の苦しみを受け止めていくときにも、電気アースのように精神的アースが必要なのだということがよく言われる。このアースになるものも、大きく二通りが考えられる。一つは、自らの信じて仰ぐ存在があり、その信仰がアースになる場合、もう一つは、心の構造に踏み込んで、自らの了解（空の了解）が自然とアースになる場合とである。どちらも、他者の苦しみを受け止めながら流していく手立てとなろう。歴史的には読経、唱題、念仏などの行法がそれを支えたという。

現在、宗教を大きく二つの類型に分けることができるように思う。一つは絶対者を想定し、それを根源に置き、委嘱感情（何かを頼りとする感情）を正面に立て、さまざまに教説を展開させているもの（キリスト教やイスラム教、その他にもたくさん存在する）と、そのような絶対的な存在を想定せず、人間の心のありようを根底に置き、そこから教説を展開させているもの（仏教がその典型であるが、仏教の中にも前者的なものは存在する）とである。

なお、仏教では「生じたものは必ず滅するものであり」、それ故に、あらゆるものは「固定的なものはなく変化するもの」との理解が生まれ、その生じたものに執着することはなくなる。

八　おわりに

先に、宗教の類型は二つと述べたが、その両者が、人々の苦しみにそれぞれ異なった対処の仕方で臨んでいるように思う。どちらがふさわしいのか、一義的には決まらない。それは、その人の資質に応じて異なるであろうし、時と場に応じても、異なるからである。

このように考えれば、人の性質と時と場合に応じて、それぞれの信仰と、悩みの解決の手立てが存在していることになろう。

また、宗教者が支援に入ったとき、いきなり相手の事情も考慮せず、自らの信仰を他者に押しつけることは行われるべきではない。しかし、実際の事例でも報告されたように、問われたときには、仲間内でしか通用しない言葉ではなく、一人の人間として、自らの信仰を適切に説明できる言葉を求められることもある。心のケアにおいては、「傾聴」は、あくまでも入り口であって、被支援者の方が何かを求めてきたときには、適切に提示できることが求められていることも、また事実なのである。

結果として、支援の実際にフェーズが存在するように、心のケアにおいても、フェーズが存在すると考えてよいのではないだろうか。物質的な支援だけではなく、心のケアにおいても、「寄り添い」から「傾聴」へ、そして「宗教的なものの見方の提供」へ、という流れが存在しているととらえることが可能なのである。

〈参考文献〉

慧皎著・吉川忠夫・船山徹訳『高僧伝』(一)～(四)(岩波文庫、二〇〇九―二〇一〇年)
全国青少年教化協議会創立五〇周年記念出版『臨床仏教入門』(白馬社、二〇一三年)
プラユキ・ナラテボー『自由に生きる』(サンガ、二〇一六年)
宮城洋一郎『宗教と福祉の歴史研究――古代・中世と近現代』(法藏館、二〇一三年)
宮本久義・堀内俊郎編『宗教の壁を乗り越える』(ノンブル社、二〇一六年)

第二章　災害と心のケア

第一節　災害時の心のケア——東日本大震災復興支援から学んでいること

井上ウィマラ

一　はじめに

筆者（井上）は東日本大震災の後、スピリチュアルケアを実践し教育するものとして、マインドフルネス瞑想の指導者として、そして一人の人間として復興支援に関わり続けてきている。今回この原稿依頼を受けて改めて自分の立ち位置を確認しようとした時、発災直後にブログで発信したメッセージに込めた思いが、今もそのまま生き続けていることに気づいた。その文章をここに引用することから心のケアについての考察を始めてみたい。

この日本の地に生きてきた私たちはいくどとなく今回のような大きな災害で仲間を失いながらもいのちをつなげてきた。そうした悲しみや不安や絶望を生き延びるためのいのちの智慧の一部は、伝統的な祭りや冠婚葬祭をはじめとするさまざまな儀式や儀礼を伴う助け合いの中に埋め込まれているはずだ。

そうした先人の智慧と勇気と思いやりの種を掘り起こし、今この時点における私たちの体験の中に蒔きなおしてゆくことが必要ではないかと思う。すでにそれを実践し始めている人びともいる。

科学や宗教、政治や経済、あらゆる既成の枠を超えて、この辛すぎる体験を生きぬいて、新しい日本を創造してゆくためのつながりやネットワークを再構築する機会に変容させてゆこう。今こそ、この日本の自然を愛しながら喜びと悲しみの波を乗り越えていのちをつなげてきてくれた先人たちの思いにつながりなおし、私たちのことを思ってくださる海外の方々の気持ちにも支えられ、地球という星の日本を意識して生きる道を探し出したい。それこそが、今回の震災で犠牲になった人びとの思いに報いる道にもつながることを祈りながら。(二〇一一・三・一六)

二　複雑性悲嘆という視点から

東日本大震災の発災直後に複雑性悲嘆の研究者との面談が予定されていたことから、悲嘆やＰＴＳＤの治療・研究関係者らと Japan Disaster Grief Support プロジェクト(以下ＪＤＧＳと略称)の立ち上げに加わることになった。ＪＤＧＳはインターネットによる情報提供を活動の中核に据えて、「被災地の外部から被災者を支援する皆様に」というリーフレット(1)を作成・配布して「しない方がよいこと」や「気をつけた方がよいこと」に関する諸注意を促すことから活動を始めた。これは、一般的な善意によって被災した人を傷つけてしまうことがあるという過去の学びを活かすための試みであったが、読んだ人たちからは、「日常生活においても心がけた方がよいことだと思った」などの感想をいただいた。

複雑性悲嘆とは、突然の予期せぬ死や遺体の損傷や行方不明などにより、一般的な悲嘆より複雑化・長期化して専門的治療を必要とするものをいう。一般的な悲嘆の複雑さは親しい関係性における愛憎などのアンビバレンスによるものであるが、複雑性悲嘆においては悲しみを自覚・表現できないことにより緊張が身体症状となって現れ、自己存在が蝕まれてゆくような感覚を生じさせる。複雑性悲嘆は、うつ病やＰＴＳＤとの重なり合いの中で理解されるべきものである。筆者は、うつ病は攻撃性の内攻によって自我感情が低下して引き起こされるものであり、ＰＴＳＤは恐怖と無力感によって自我機能が障害されてフラッシュバックや回避や過覚醒が引き起こされ、世界観も変化してしまうものであると理解している。悲しみが複雑化してしまうと、私たちの心はこのように揺れ動きながら苦悩するのだ。

またボランティアとして翻訳を担当したパークス氏の「被災後の死別体験が意味するもの」という論文からは、ＰＴＳＤの治療が終わってからでなければ、死別体験や悲嘆のケアに移ることはできないということを学んだ。悲しむ時に思い出さなければならない情景が、恐怖のあまり凍り付いてしまっていて思い出せないからである。こうした情報は、辛い体験をして宗教に救いを求める人々に接する宗教者も知っていた方がよいであろう。

ＪＤＧＳでは次の段階の支援活動として認知行動療法による複雑性悲嘆の治療研究の第一人者であるＭ・Ｋ・シア博士を招いて研修会を開いた。認知行動療法はそれなりの構造と場を必要とする。研修を受けた後で講師やスタッフとまだ傷痕の生々しい被災地を歩いた時には、しっかりとした治療構造と場を確保する余裕のない現場における適用の限界も感じさせられた。

混乱した修羅場では、誰でもが持ち運べるように身につけておける技のようなもの、その人の器や人格の一部になってしまっているメタスキルのようなものが役に立つように思われる。刻々と変化するニーズに応じてさまざまな対応をする中で、何をしていたとしてもその行為に込めた心づかいの中にこそ心のケアの要素があるのではないだろうか。その意味で『災害時のこころのケア——サイコロジカル・ファーストエイド実施の手引き』の出版は時宜にかなったものであった。衝撃直後の緊急時に、カウンセリングではなく、情緒的な支援を提供するために必要なことがわかりやすく書かれているからである。[2]

三　あいまいな喪失という視点から

津波被害では一万六千人近くの死者と多くの行方不明者が出て、今でも行方がわからない人の数は二五〇〇人を超える。その家族への支援のあり方を模索するために、ＪＤＧＳではあいまいな喪失の治療・研究の第一人者であるＰ・ボス博士を招聘して研修会を開いた。

あいまいな喪失には、心理的にはまだ存在しているが身体的には不在になってしまった「さよならのない別れ」と、身体的にはまだ存在しているが心理的には不在になってしまった「別れのないさよなら」の二つのタイプがある。今回の津波による行方不明や放射能汚染による避難から生じる家族の離散などは「さよならのない別れ」であり、認知症や家庭内別居やワーカホリックなどは「別れのないさよなら」に分類される。

こうした喪失の曖昧さによって複雑化した悲嘆を癒してゆくためのガイドラインとして、ボス博士は次の六つの方針を示してくれた。

（1）「Ａでもあり、Ｂでもある」という人生の眺め方を学び、自分を責めすぎずに人生を思い返せるようになり、人生の意味を見出せるようにする。

（2）人生を管理しなければならないという観念を和らげる。

（3）愛憎など相反する両極端の感情が併存するのは人間として普通のことなのだと、アンビバレントな感情をノーマライズする。

（4）失ったものを悼み、残されたものを祝することなどによって、心の家族と思えるような新しい愛着のかたちを見出す。

（5）「私は誰か？」「家族とは何か？」を再考して、アイデンティティを再構築する。

（6）不条理を笑い、答えのない問いを受け止めることで希望を見出せるようにする。

こうしたアプローチは自分というものへのこだわりを緩めて宗教心やスピリチュアリティを涵養してゆくことにもつながる。これまで宗教がなぜ人々に救いを提供することができてきたのかを振り返るためのガイドラインとしても役に立つのではないかと思われる。

また、次第に増えつつある認知症ケアに携わる家族を支援するための方法を考える際に、「別れのないさよなら」というあいまいな喪失という概念を導入することによって、家族がケア活動の中で疲弊してしまうカラクリを理解しておくことは必須であろう。筆者自身の個人的な体験からも、仏教における空や無我の実践的な理解が、認知症ケアに関わる家族の苦悩を和らげるために役立つことを感じている。こうした状況は、仏教者が現代社会に貢献しうる具体的な場面であり、同時にどれくらい深く宗教やスピリチュアリティを生きているかが試される場面でもあろう。

四　レジリエンスという視点から

こうしたＪＤＧＳでの活動を通して、異なる領域の専門家たちがレジリエンスという言葉を共通して使っている状況にたびたび出くわした。レジリエンス（resilience）は、「はね返る、弾力がある、病気や逆境などからすぐに立ち直れる、回復力がある」などの意味を持った言葉であり、もともとは物理や工学系の用語であったが、最近では人文科学を含めて学際的にさまざまな領域で論じられるようになってきた。心理学やその関連領域ではボナーノの「極めて不利な状況に直面しても、安定した平衡状態を維持することができる能力」という定義が定着している。かつては自然治癒力という言葉で表現されていた生命力の主要要素が、多くの異なった専門領域で共通して使えるようにするために選ばれた現代用語として理解してよいであろう。

社会進化論的な研究視点からは、自然災害や戦争のような大規模な惨事の後の逆境を跳ね返して生き抜くために、伝統的な村落共同体やコスモロジーや神話や宗教などが集団的なレジリエンスを高めるための社会・文化的装置として重要な働きをしていると考えられている。前述したサイコロジカル・ファーストエイドの第二章にも、「悲嘆と信仰の問題（Attend to Grief and Spiritual issues）」という節が設けられ、多くの人々が宗教的な観念や儀礼に助けられて大切な人の死を乗り越えてゆくことができると記されている。

このレジリエンスを培うために大切な因子としては、自分を大切に思える自尊感情、安定した親子関係の中で愛着（絆）が結ばれていること、宗教上のよりどころがあること、模範となるモデルがいてくれることなどが挙げられている。

以上のような考察から、宗教者は医療や心理や福祉などの専門家たちと連携しながら、いざという時に現代社会のセーフティネットとしてよりよく機能できるように日常から関係性を築いておくことが必要であろう。

五　復興支援と心のケアのプロセス

災害復興支援のプロセスには、①救急救命期（生存可能性のある人の救命活動が中心となり、最初の七二時間がカギとなる。軍隊的な指揮系統が必要）、②被災者支援期（食料・水・医療サービスなどを届ける救援活動。避難所やボランティアセンターが設立され、飢餓・伝染病などを防ぐように努める）、③生活復興期（仮設住宅が設営され、瓦礫の片付け、臨時生活生産設備の設置などが進められる）、④生活再建期（日常生活を取り戻し地域のコミュニティを再建してゆく）などといった段階があり、構造化された心のケアが必要になり提供可能になるのは、第四段階の生活再建期からであろう。それまでは、各段階において求められるさまざまな行動の中に込められる細やかな心配りが被災者に対する感情的な支援となり心のケアの糧となる。

例えば、避難所のトイレの数やどこにどのように設置するか、避難所に送られてきた生理用品を配布する際に誰がどのようにして手渡すのかという配慮の中にケアの心配りが求められる。そこにはジェンダーや人権に関する視点も必要になってくる。人道支援の基準として作成されたスフィア・スタンダードには、そのための詳しい情報が整理されている。

このようにして進んでゆく復興過程における被災者たちの心情的推移については、次のような四つの段階が見出されている。最初の段階を茫然自失期と見るか英雄期と見るかで、二つのタイプがあるようであるが、残りの三段階についてはほぼ一致している。

災害後心理変化の二タイプ

1a：茫然自失期	ショックを受け、茫然自失の状態になる。
1b：英雄期	人や財を守るため危険を顧みず行動する。
2a：ハネムーン期	回復に向かって一丸となり積極的な気分になるが、生活ストレスは募る。
2b：ハネムーン期	似た体験をした被災者同士が連帯感で結ばれ、援助を期待しながら共同し、温かい雰囲気に包まれる。
3a：幻滅期	混乱が収まり始め、復旧に格差が出始める。無力感や疲労感が高まり、取り残された人には虚脱感や怒りやうつが出始める。
3b：幻滅期	忍耐が限界に達し、不満や怒りが噴出。連帯や共感が失われる。
4a：再建期	生活の目処が付き始める。現状を認め、将来を考えられるようになる。
4b：再建期	日常が戻り始め、生活再建に勇気を持ち始める。取り残され、支えを失った人との差が目立ってくる。

最初の段階で英雄的な行動が取れるのはそれなりの準備があり力を持っている人たちであって、そこにレジリエンスの強さが見て取れるのかもしれない。次節で述べる太鼓隊の隊長さんも、「この町のために自分たちがやらなかったら……」という思いで遺体安置所のボランティア作業に従事したという。

六　津波復興太鼓

被災地を訪問しながら「何か必要なものはありませんか?」と質問した時、「太鼓」という返事が返ってきたときがあった。瓦礫拾いをしていた太鼓隊の隊員さんからの話であった。津波の翌日、子ども隊員の顔が見えて嬉しかったのだが、太鼓が流されてしまった。周期的に津波に襲われるこの地では五〇年前のチリ沖地震津波の時にも大きな被害が出て、その復興をテーマにした「津波復興太鼓」という楽曲を創作して伝承していた。それを子どもたちに伝えてゆきたいという。

幸いなことに高野山真言宗の協力を得てその年の九月にはある程度の太鼓を寄贈することができ、被災地を慰問する音楽家たちとの共演も果たすことができた。隊員さんたちの話によると、最初に太鼓を打とうとした時には「叩いていいのだろうか……」というとまどいも強かったが、叩いているうちに涙が流れてきて心が軽くなっていったという。

太鼓寄贈を受けたことへのお礼ということで、太鼓隊の皆さんが開創千二百年を迎えた高野山の災害物故者追悼法要で、その「津波復興太鼓」を奉納演奏してくれた。辛い体験を乗り越えてきた隊員さんたちの「一生の思い出になりました」という言葉に、こうした文化的活動や伝承される民間芸能によって癒されるものがあり、そこにレジリエンスを保つ智慧が秘められていることを実感し確認させていただいた。

七　黒子に徹する支援を

翻訳を担当したパークス氏の論文には、植民地化するような支援はしないこと、黒子に徹して被災地の人たちに引き継いでいってもらえるような終結の仕方を心がけることの大切さが述べられていた。目の前に出会う一人ひとりを大切にしながら、被災地の人たちの日常に引き継がれてゆくようなシステムづくりを心がけることである。「日常的にできないことは非常時にもできない」ということは、災害支援に関わるさまざまな領域の専門家たちが異口同音に口にすることである。

社会のレジリエンスを育むためには、刻々と変化する被災地のニーズとそれに応えられる人や何かをしてあげたい気持ちをうまくつなげてゆくようなリーダーシップが必要だという。黒子に徹する心がけをもってそのようなリーダーシップを発揮するためには、リーダーたちの心が充分に癒され育まれていなければならない。災害支援では政治家を含めてリーダーたちの孤独や心の傷の癒しが忘れられがちだということが指摘されている。そうした配慮を忘れないことが、復興のための政策や経済活動との関連を含めて、広い視野でぶれない災害時の心のケアを充実させてゆくために必要となるであろう。

八　おわりに

被災地では多くの人たちが自ら被災しながらも支援する側に回っている。そうした人たちへのケアをどのように工夫して継続してゆくかという視点も求められてくるであろう。そしてそれは、被災地の特性をよく理解し、現代的な知見を用いながら、その地に伝わる文化的伝承を最大限に尊重し活かしてゆくようなアプローチになることが望ましいと思われる。

〈注〉

（1）災害グリーフサポートプロジェクト（Japan Disaster Grief Support Project）「被災地の外部から被災者を支援する皆様へ」(http://jdgs.jp/_userdata/JDGS_4_Supporter.pdf)。

（2）医学書院刊『サイコロジカル・ファーストエイド実施の手引き　第二版』日本語版は、兵庫県こころのケアセンターの公式サイト内の以下のページ http://www.j-hits.org/psychological/ からも入手できる。

〈参考文献〉

アンドリュー・ゾッリ、アン・マリー・ヒーリー『レジリエンス　復活力――あらゆるシステムの破綻と回復を分けるものは何か』（ダイヤモンド社、二〇一三年）

加藤敏・八木剛平『レジリアンス――現代精神医学の新しいパラダイム』（金原出版、二〇〇九年）

加藤寛・最相葉月『心のケア――阪神・淡路大震災から東北へ』（講談社、二〇一一年）

Colin Murray Parkes, “Bereavement following disaster”, *Handbook of bereavement research and practice*, American Psychological Association, 2008

『災害時の心のケア――サイコロジカル・ファーストエイド　実践の手引き』（医学書院、二〇〇一年）

坂口幸弘『悲嘆学入門』（昭和堂、二〇一〇年）

ジョージ・A・ボナーノ『リジリエンス――喪失と悲嘆についての新たな視点』（金剛出版、二〇一三年）

『スフィア・プロジェクト――人道憲章と人道支援に関する最低基準』（二〇一一年）(https://www.refugee.or.jp/sphere/The_Sphere_Project_Handbook_2011_J.pdf)

瀬藤乃理子・米虫圭子・黒川雅代子・井上ウィマラ「被災地の外部から被災者を支援する皆様へ」。注（1）も参照。
デビッド・ロモ『災害と心のケア——ハンドブック』（アスク・ヒューマン・ケア、一九九五年）
藤森立男・矢守克也『復興と支援の災害心理学——大地震から「なに」を学ぶか』（福村出版、二〇一二年）
ポーリン・ボス『あいまいな喪失とトラウマからの回復——家族とコミュニティのレジリエンス』（誠信書房、二〇一五年）

第二節　どのような「心のケア」をどう提供するか

葛西賢太

一　「心のケア」の必要性を推し量る

前節で井上ウィマラは、被災地での支援活動を模索した実体験を振り返りながら、適切な根拠に基いた支援のあり方について提案している。

被災者支援のしくみを運営する側に立つということは、さまざまな「事務的なこと」の判断に悩まされることでもある。どのように「心のケア」の必要性を「測定」し、何をもって復興とし、支援の頻度や程度や縮小や終息の時期をどう見きわめていくか。個人的な価値観や世界観のみからケアの必要不必要を判断してはならないし、当事者の感謝の言葉だけで援助活動の効果を評価したり、新生活の開始をもって復興とみなしたりするわけにはいかない。善意のみによって無条件無制限にボランティア活動をし続けていくのでもなく、予算や人員の枯渇をもって終わらせるのでもない。支援者の受けるストレスにも目配りしてバックアップ体制を整えることが求められ、また、外部者としては適切な時期に撤退して地域医療や地域保健、その他地域の支援者への引き継ぎをする判断も問われている。純粋に利他的な動機からスタートしていても、「事務的なこと」の責任を免れるわけではない。

体のケアのみならず心のケアにおいても、基本的には医師また医療者が責任を持って指導して行うべきである。だが、ケアの実質は長期にわたる関わりによって可能になる。医師が日常いつも一緒にいるわけではなく、限られた診察時間しかないし、医師は痛みを抱える本人ではない。だから、医師以外の人々にとって、手出し無用ではなく、必要かつ適切な関わりをどうしたらよいかと考えることが欠かせない。この観点から、以下をお読みいただきたい。

二　アルコール関連問題というバロメータ

「心のケア」の必要性――ある共同体での心の痛み――を見きわめるには多様な視点がありうるが、共同体での病理現象の趨勢を、心の痛みのバロメータとすることはできる。例えば、アルコールという私たちに身近な飲料・嗜好品の濫用（「アルコール関連問題」）はそのバロメータたりうる。「アルコール関連問題」とは、飲酒量や飲酒頻度の増加、朝昼の飲酒など、飲酒の量・頻度・時間を自制できないことと合わせ、身体症状の悪化などの健康問題、さらに暴言・暴力といった対人関係上の課題など、アルコールによって起こされる問題群の総称である。危なっかしい飲み方や飲酒後の行動の異常などは素人目にもわかるものが多いが、CAGEテストという、四項目の誰でもできる簡単な、だが正確な検査法を紹介しておこう。(1)

災害発生後、被災地で飲酒量が増加しアルコール関連問題や薬物使用が増加すること、そして以前からの依存の問題が悪化することは、多くの研究で一貫して示されている。(2) しかしながら、災害が直接に新たな依存関連問題を引き起こすかどうかは、実は不明である。(3) 例えば一九九五年の阪神淡路大震災後、被災地とくに激震地では飲酒量が減少していたという調査もある。(4)

国立病院機構久里浜医療センターは、二〇一一年の東日本大震災被災地の精神衛生問題をケアするために、震災直後から約一年間、医療者のチームを五二班に分けて送り込んだ。被災地の人びとの記録から、彼らは例えば以下のことを指摘している。

(1) 失業や仮設住宅生活のストレスから、飲酒し喫煙する

大量飲酒などが震災により失業した男性の間で見られ、また喫煙量の増加や向精神薬の増加は仮設住宅に住んでいる女性の間で高く、何がストレスになっているかが窺われる。なお、アルコール依存症の割合は全国より実は被災地の方が低かった。(5)

(2) 震災前からの問題が露呈し、しかも「時が解決」することはない

震災前から潜在していた問題が避難所生活などにより露呈される。時間の経過とともに改善する抑うつと比べ、アルコール関連問題は震災後継続的に増加するため、問題を発見した場合は早期に介入することが望ましいという。(6)

(3) 支援者がストレスから飲酒する

被災地の地元消防団は、東日本大震災においてはしばしば行方不明者の捜索や遺体の収容といった困難な作業を担った。とくに四〇歳以上の団員で飲酒の増加が見られたという。また、健康状態が良好と答える団員は、被災後も仕事がある、被災の打撃が比較的小さい、あるいは被災前に心的外傷がない場合が多いという。(7)

この三つの調査は、ケアが必要な「心の痛み」がどこにあるのか（どこに手を差しのべるべきなのか）ということについて興味深い情報を提示している。例えば、私たちの「常識」とはずれる以下の配慮が必要であろうと気づかされる。

・避けがたい震災ではなく、解決可能な失業や仮設住宅暮らしのストレスなどに配慮

・対人関係の困難からケアを避けて閉じこもりがちな病者・障がい者等への配慮[8]

・援助者に蓄積されるストレス、また援助者自身の抱えるストレスへの配慮

三　「吐き出して楽になる」という考え方の見直し

心的外傷後ストレス障害（Post-Traumatic Stress Disorder; PTSD）という言葉はいまや広く知られており、「トラウマ」は日常語としても用いられている。そして、災害直後に体験の内容やその時の感情を表現させること（心理的デブリーフィング）で楽にさせることができる、さらにＰＴＳＤを始めとするトラウマ後の心理的後遺症の発症を予防することができる、と広く信じられている。

だが、被災者・被害者の辛いできごとの詳細を尋ねる手法の効果は、現在では疑問視されている[9]。また、トラウマ治療の専門的技法は、プライバシーの確保しにくい被災地の初期介入では行いにくい。まして専門家ではない一般のボランティアが、適切な診断と見立てに基かずに、このような技法をまねて行うことの危険ははかりしれない[10]。

四　サイコロジカル・ファーストエイドの登場と意義

では、何もしない方がよいのか？　これまで多くの災害現場でも専門家のコンセンサスを得られるような、

ケアの手法は確立されてこなかった。ＰＴＳＤの臨床研究成果を踏まえ、また二〇〇一年のニューヨーク同時多発テロ事件以来の経験を踏まえて、アメリカ国立子どもトラウマティックストレス・ネットワーク及びアメリカ国立ＰＴＳＤセンターにより作成されたのが、井上も言及した *Psychological First Aid Field Operations Guide*（『サイコロジカル・ファーストエイド実施の手引き』）である。このプログラムは以下のような特長を持っている。

・乳幼児から高齢者までの年齢層を視野に入れている
・「精神保健の専門家」のみならず「その他の災害救援者」の活用も想定（第二版より追加）
・治療を目指すのではなく、災害や事件の直後から一ヶ月程度までのファーストエイド（応急手当）に焦点を当て、リスク除去を重視している
・被災者・被害者に負荷を与えない
・被災者・被害者になじみのない対処法を提案しない

二五〇〇名を超える死者・行方不明者を出した二〇〇五年のハリケーン・カトリーナ後の使用経験を踏まえ、遺族支援の内容が加えられ、また高齢者・障がい者・乳幼児についての記述が増補され「サイコロジカル・ファーストエイド」は第二版への改訂が行われた。兵庫県こころのケアセンターによってこの第二版が邦訳されている。

本書の読者にとって重要なのは、この種の他のマニュアルと異なり「その他の災害支援者」（医療者以外の非専門家）も想定していること、災害後支援の実際の経験に基づいて改訂されていること、このマニュアルが公式ウェブサイトで公開されるべく配慮され、実際に公開されていること、多文化状況の外国人支援も想定されていることであろう。家族や仲間で、被災者・被害者を包む理解者のネットワークを作り、良好な関

係の中で、災害の現実的な被害や生活上の困ったことについて、友人や隣人として話し合って、安全感を確立して日常生活を再建することに重点が置かれているのである。支援活動を構築するにあたり、ぜひ熟読し、またロールプレイによる学習会なども重ねて深めるに値するツールである。

五　おわりに

何の準備もなく被災地に行くのはたいへんだ。訓練を重ねた専門職も深刻に悩むのだから。その一方で、資格も経験も取り払った一人の人間としての自分を正しく活かすことは、プライバシーも不充分な被災地で「心のケア」を行う上ではもっとも重要なことかもしれない。無力感と誇大感とのいずれにも屈することなく、事実から目をそらさず、被災者・被害者の痛みをやわらげるという目的を見失わない、そういう中道の歩みをなすために、私たちが学ぶべきことはたくさんある。

〈注〉

(1) CAGEテストとは以下の四項目のうち二つ以上があてはまれば、アルコール依存症の可能性が高いと判断できる、簡単だが信頼のおけるスクリーニングテストである。減酒（Cut down）の必要感、他者から批判されることへの不快感（Annoyed）、飲酒への罪責感（Guilt）、朝の離脱症状をひとまず抑えるための「迎え酒」（Eye-opener）の四項目をみる。国立病院機構久里浜医療センターのウェブサイトには、専門家でなくともできる簡単な検査法が他にも複数紹介されている（http://www.kurihama-med.jp/alcohol/）。

(2) 例えば Keyes K.M., Hatzenbuehler, M.L., Hasin, D.S., “Stressful Life experiences, alcohol consumption, and

alcohol use disorders: the epidemiologic evidence for four main types of stressors," *Psychopharmacology*. 2011 November; 218(1): 1–17。

(3) North C.S., Ringwalt C.L., Downs D., et al. "Postdisaster course of alcohol use disorders in systematically studied survivors of 10 disasters." *Archives of General Psychiatry* 68: 173-180, 2011. http://archpsyc.jamanetwork.com/article.aspx?articleid=211053. オクラホマシティ連邦政府ビル爆破事件など一〇の出来事の前後で人々のアルコール使用を比較している。これによるとほとんどは災害前からの継続および再燃であり、新たな発症率は二パーセントという。

(4) Shimizu, S., Aso. K., Noda, T., et.al., "Natural Disasters and Alcohol Consumption in a Cultural Context: the Great Hanshin Earthquake in Japan," *Addiction*, 2000, 95(4): 529-536. 酒類の販売量から使用量を推定した。震災後の使用減は、日本人的な自制心によるものではないかと推測されている。

(5) 上野文彦ほか「被災地におけるアルコール関連問題・嗜癖行動の実態調査」(二〇一五年)。

(6) 藤田さかえほか「地域関係者に対するアンケート調査からみる被災地の飲酒問題——岩手県気仙地域におけるアンケート調査報告」(二〇一五年)。

(7) 瀧村剛ほか「東日本大震災後の被災地消防団におけるアルコール関連問題の比較——岩手県大船渡市消防団に対する調査より」(二〇一五年)。

(8) これは児童虐待や家庭内暴力などの顕在化しにくい課題に介入する必要も示唆している。

(9) 明石加代、藤井千太、加藤寛「災害・大事故被災集団への早期介入——「サイコロジカル・ファーストエイド実施の手引き」日本語版作成の試み」(『心的トラウマ研究』四、一七—二六頁、二〇〇八年)。

(10) 被災者・被害者でなく支援者がその出来事について描写すること(本来のデブリーフィング)の意義は現在でも認められている。事件・災害及びその支援直後の数日のうちに、グループで出来事を再構成し、感情を発散させつつ、トラウマ反応について学習するプログラムが考えられる。

第三章　宗教施設は避難場所になりうるか——行政との連携と災害救援マップ

稲場圭信

一　はじめに

今、宗教と行政の関係で大きな変化が生まれている。東日本大震災を教訓に首都直下型地震、東海地震、南海トラフ大地震などに備えた「自助」「共助」「公助」の仕組み作りが進む中、宗教施設、宗教団体と行政との連携も生まれている。

東日本大震災の被災地では、指定避難所になっていない寺社教会等の宗教施設に住民が多数避難した。指定避難所となっていた小学校の体育館は板張りで避難生活には身体的負担がかかる。一方、お寺には畳があってよかったという声もある。被災地で宗教は地域資源として一定の力を発揮したことが明らかになった。すなわち、宗教施設には、「資源力」（広い空間と畳などの被災者を受け入れる場と、備蓄米・食糧・水といった物）があり、檀家、氏子、信者の「人的力」、そして、祈りの場として人々の心に安寧を与える「宗教力」があった（稲場圭信・黒崎浩行編著『震災復興と宗教』）。

筆者は、全国の自治体と宗教施設の災害協定の実態に関して情報を収集するために、二〇一三年二月に全国調査を実施した。調査では、四三の自治体が二二三の宗教施設と災害協定を締結していることが明らかになった。地方では寺社がソーシャル・キャピタル(1)として存在しているところもあり、災害時の避難所として関心が持たれている。都市部でも帰宅困難者対策として、寺院が一時避難所として行政から指定されるケースが増えている。

一方で、宗教間の協力、宗教施設と自治体、ボランティア組織との連携、情報の共有など課題は山積である。海外の研究においては、災害時における宗教の活動が検証され、政策に活かされている。日本でも震災後に研究が進んでいるが、海外と比べると、研究の上でも政策の面でも遅れている感は否めない。そこで、筆者は、研究仲間とともに、「宗教施設を地域資源とした地域防災のアクションリサーチ」(2)を計画した。

二　宗教施設と自治体との協力の実態

本アクションリサーチは、平成二六年度からの五ヶ年計画で、宗教施設と自治体の災害時協力の実態を調査し、防災への取り組みをもとにした宗教施設と地域コミュニティのつながり(ソーシャル・キャピタル)の創出に関するアクションリサーチであり、宗教施設を取り込んだ地域防災の構築を目的とする。

宗教施設を地域資源とした地域防災の取り組みは、新たなコミュニティの構築であり、大災害時のみならず、日常の新たな「縁づくり」ともいえる。本研究は、全国に存在する宗教施設を地域資源とし、防災対応をもとにソーシャル・キャピタルを見える化、つなげる化し、新たな縁を実践的に模索する試みでもある。

前述の二〇一三年の調査で、自治体と宗教施設との災害協定の概要はわかった。しかし、避難所指定の有無を含めて詳細なデータは得られなかった。そこで、二〇一四年七月、より踏み込んだ全国の自治体と宗教施設の災害時協力の調査を実施し、一一八四自治体から回答を得た。

宗教施設と災害協定を結んでいる自治体は九五（三九九宗教施設、うち指定避難所は二七二宗教施設）、協定を結ばずに協力関係がある自治体は二〇八（二〇〇二宗教施設、うち指定避難所は一八三一宗教施設）あった。宗教施設が収容避難所として六七八施設、一時避難所として一四二五施設指定されており、合計二一〇三宗教施設が指定避難所となっている。協定締結と協力関係を合わせると、災害時における自治体と宗教施設の連携は、自治体数で三〇三、宗教施設数で二四〇一に上ることがわかった。

協定締結、協力関係、避難所指定の宗教施設数

		協定締結	協力関係	合計
指定避難所	収容	七五	六〇三	六七八
	一時	一九七	一二三八	一四二五
指定避難所合計		二七二	一八三一	二一〇三
避難所指定なし		一二七	一七一	二九八
合計		三九九 （九五）	二〇〇二 （二〇八）	二四〇一 （三〇三）

（　）の数字は自治体数

三　宗教施設との災害協定の実態

宗教施設と自治体との協定や協力関係のあり方がどのようであるか——災害協定の締結、協定締結なしでの協力関係、協定検討中、あるいは協定検討なし——、これらに当てはまる自治体の件数によって整理し、以下の表にまとめた。

都道府県	災害協定の締結	協定締結なしでの協力関係	協定検討中	協定検討なし
北海道	八	二二	一	六二
青森県	〇	三	二	一九
岩手県	一	一〇	〇	八
宮城県	〇	五	二	二二
秋田県	二	二	〇	一四
山形県	〇	一	〇	一六
福島県	〇	一	〇	一一
茨城県	〇	〇	〇	一一
栃木県	〇	一	〇	一四

都道府県	災害協定の締結	協定締結なしでの協力関係	協定検討中	協定検討なし
群馬県	一	一	〇	一四
埼玉県	一	四	一	三七
千葉県	三	一一	一〇	二三
東京都	九	三	七	一四
神奈川県	二一	五	二	二〇
新潟県	〇	一〇	〇	一八
富山県	〇	〇	〇	一一
石川県	〇	二	〇	八
福井県	一	四	〇	五

都道府県	災害協定の締結	協定締結なしでの協力関係	協定検討中	協定検討なし
山梨県	二	五	○	九
長野県	○	六	一	二四
岐阜県	二	六	○	一八
静岡県	六	二	○	三○
愛知県	○	九	三	四六
三重県	一	五	一	八
滋賀県	○	五	○	五
京都府	五	四	一	一四
大阪府	四	三	一三	四六
兵庫県	五	五	○	二八
奈良県	一	二	二	一四
和歌山県	二	一○	○	六
鳥取県	○	四	○	七
島根県	一	五	○	七
岡山県	三	三	一	一五
広島県	一	八	一	一七
山口県	二	五	○	八
徳島県	○	五	○	一二
香川県	二	一	一	七
愛媛県	○	一	一	一三
高知県	一	六	三	一二
福岡県	三	六	二	四四
佐賀県	○	○	二	一五
長崎県	○	五	○	八
熊本県	二	二	一	二一
大分県	一	四	一	六
宮崎県	二	四	○	一○
鹿児島県	○	二	一	二三
沖縄県	二	○	二	二○
合計	九五	二○八	六二	八一九

自治体と災害協定を締結している宗教施設のうち、避難所指定されている施設、されていない施設、それらの合計の数は以下の表の通りである。

都道府県	協定締結　避難所		
	指定有	指定無	合計
北海道	一六	一一	二七
青森県	〇	〇	〇
岩手県	一	〇	一
宮城県	〇	〇	〇
秋田県	二	三	五
山形県	〇	〇	〇
福島県	〇	〇	〇
茨城県	〇	〇	〇
栃木県	〇	〇	〇
群馬県	〇	一一	一一
埼玉県	一六	〇	一六
千葉県	二八	一	二九
滋賀県	〇	〇	〇

都道府県	協定締結　避難所		
	指定有	指定無	合計
東京都	一三	五	一八
神奈川県	五九	三三	九二
新潟県	〇	〇	〇
富山県	〇	〇	〇
石川県	〇	〇	〇
福井県	〇	一	一
山梨県	二	一	三
長野県	〇	〇	〇
岐阜県	三〇	一	三一
静岡県	一	一五	一六
愛知県	〇	〇	〇
三重県	一	〇	一
香川県	一〇	一〇	二〇

都道府県	協定締結 避難所		
	指定有	指定無	合計
京都府	二三	一六	三九
大阪府	三	二	五
兵庫県	六	三	九
奈良県	一七	○	一七
和歌山県	五	一	六
鳥取県	○	○	○
島根県	一	一	二
岡山県	五	○	五
広島県	一	○	一
山口県	一六	○	一六
徳島県	○	○	○
愛媛県	○	○	○
高知県	三	三	六
福岡県	六	一	七
佐賀県	○	○	○
長崎県	○	○	○
熊本県	二	一	三
大分県	○	七	七
宮崎県	四	○	四
鹿児島県	○	○	○
沖縄県	一	○	一
合計	二七二	一二七	三九九

宗教施設と災害協定の締結をしていると回答のあった自治体は九五、宗教施設数は三九九施設（寺院一八九、新宗教施設二七、神社二六、キリスト教系教会六、他は不明）であったが、その災害協定の内容は次の表の通りである。

災害協定の内容	施設数
災害時、避難所として使用	三八五 注一
帰宅困難者の滞在施設として使用	九
災害時における飲料水の供給協力	二
駐車場施設をボランティア等による被災者支援活動のために使用	二
ライフライン事業者の応急復旧対策活動拠点として使用	一

注一：指定避難所は二七二施設

四　災害協定の締結時期と理由

災害協定の締結時期を東日本大震災前、震災後〜二〇一一年一二月三一日まで、二〇一二年、二〇一三年、二〇一四年に分類し、宗教施設数を整理した。次の表から東日本大震災後に一六七施設と災害協定の締結が増加していることがわかる。

協定締結時期	施設数
一、東日本大震災前（〜二〇一一年三月一一日）	二九
二、二〇一一年三月一二日〜一二月三一日	一七
三、二〇一二年	二九
四、二〇一三年	八二
五、二〇一四年一月〜七月	三九
不明	二〇三
合計	三九九

宗教施設との災害協定の締結を検討していないと回答のあった自治体は合計八七一であった。主な理由は次の表の通りである。

災害協定を検討していない主な理由	自治体数
避難場所となりうる宗教施設がないため（耐震構造面、立地条件、収容面積などの課題から）	一五五

現在の避難場所で被災想定人数を収容可能なため	一三九
避難場所は公共施設を考えているため	一二四
食料や生活物資供給を行う企業、福祉施設等との協定締結を優先的に行っているため	四三
自治会と宗教施設とで協力関係を構築しているため	一八
施設より協定の申し出がないため	七
政教分離の観点から	五

災害協定を検討していない理由として、施設の構造面や立地条件などから避難場所となりうる宗教施設がないという自治体がもっとも多かった。自治会や自主防災組織が宗教施設と協力関係を構築しているため、自治体が介入を控えているという回答も見られた。「政教分離の観点から」という回答は五自治体にとどまった。憲法第二〇条（政教分離原則）や第八九条（公金支出の禁止）に抵触するとの声もあったが、宗教施設が仮遺体安置所や避難場所となった際には、自治体がその費用を支出する場合もある。宮城県岩沼市は市内の竹駒神社を避難所指定したが、災害時に竹駒神社が避難所運営で支出した費用は市が負担するという覚書を締結している。東京都台東区は浅草寺を帰宅困難者の受け入れ先とし、区の負担で発電機などを設置した。

宗教団体と距離を取ってきた行政がなぜ、今、協定、連携なのか。首都直下型巨大地震、南海トラフなどの大地震が起これば、行政、ＮＧＯ、ＮＰＯの力だけでは足りない。宗教者の救援活動、宗教施設の避難所運営は社会的要請でもある。だからこそ、東京都、神奈川県、京都市をはじめとした自治体が積極的に宗教施設に協力要請し、協定の締結に動いているのだ。

五　未来共生災害救援マップ

各地域の防災の取り組みとしての防災マップは存在するが、全国の指定避難所及び寺社教会等宗教施設を集約したマップは存在しなかった。全国の避難所及び宗教施設と合わせて約三〇万件のデータを集積した日本最大の災害救援マップが「未来共生災害救援マップ」である。

二〇一二年一〇月、大阪大学・未来共生イノベーター博士課程プログラムの一環として予算がつき、筆者が責任者として指揮をとり、半年かけて「未来共生災害救援マップ」（略称：災救マップ）を構築し、二〇一三年四月にインターネット上に無償で提供した。

二〇一四年には、スマートフォンのアプリも開発し、無償提供している。アプリは、発災時にユーザーによる避難施設および被災状況の情報共有を目的として、災救マップと連携するよう開発したものである。アプリ起動と同時にGPS機能により現在地周辺の避難所、宗教施設が表示される。平常時は地図として、近隣の避難所や宗教施設の場所を確認することにも利用可能である。

大災害時、避難所や宗教施設に避難した時に、施設アイコンをタップし、被災状況、メッセージ、写真を投稿できる。投稿すると施設アイコン周辺に各色の■が出現する。その■をタップすると投稿情報が表示される。SNSで情報をシェアすることも可能である。

アイフォン（iPhone）版は、アップルストア（App Store）で「災救マップ」を検索、アンドロイド

（Android）版はグーグルプレイ（Google play）で「未来共生災害救援マップ」を検索し、アプリをダウンロードできる。災救マップの更新情報や使用方法の詳細は http://www.respect.osaka-u.ac.jp/map/ を参照されたい。

市町村による地域防災計画に加えて、地域住民が取り組む地区防災の動きでも、寺社教会等の宗教施設に目が向けられ、自治体および地域住民と宗教施設の連携の動きは、今後も広がっていくだろう。特に、都市

「未来共生災害救援マップ」（略称：災救マップ）
http://www.respect-relief.net/

部では、帰宅困難者対策のために、自治体が一時避難所として宗教施設に協力を打診するケースが増えるであろう。

六　おわりに——今後の課題

しかし、課題も多い。自治体と協力関係はあるが、宗教施設の建物が古く、耐震の基準を満たしていないため、災害協定を締結できない宗教施設もある。今後、宗教施設の耐震化も大きな課題である。東日本大震災では、多くの寺社教会等の宗教施設が緊急避難所や救援活動拠点となった一方で、緊避難所となった寺社教会等の宗教施設に行政の支援物資の配布が遅延する事態も起きた。寺院が災害協定を締結することにメリットはあるのかと疑問視する声もあるが、災害協定を結び、いざという時の連携のあり方を決めておくのも大切なことである。また、地域社会により関わった寺院のあり方、開かれた新たな関係性も生まれるのではないか。それも大きなメリットであろう。

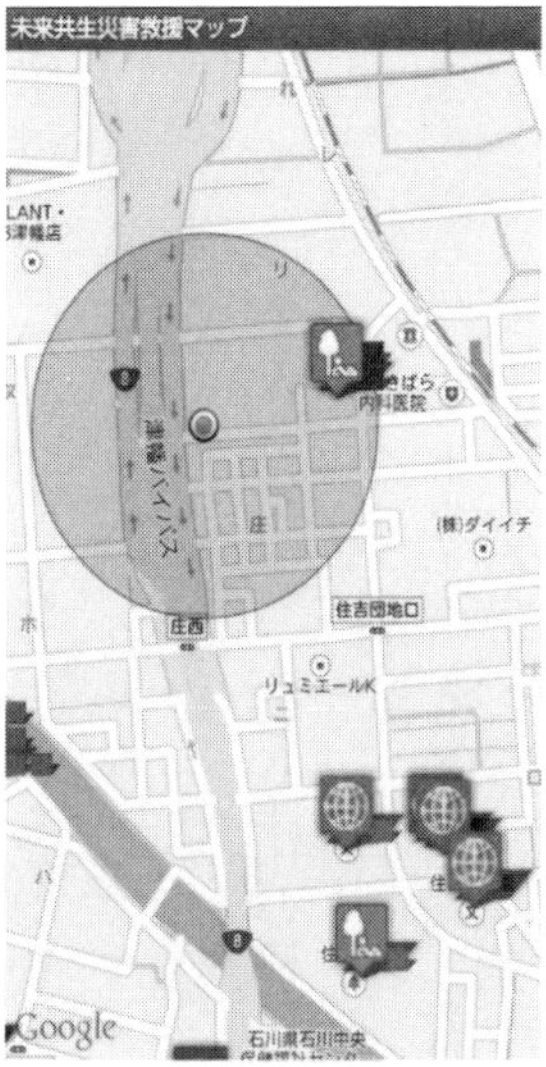

アプリ画面

東日本大震災では、公設の仮遺体安置所や火葬場に宗教者が入れなかったケースも存在する。防災計画に宗教施設についての言及がなく、現場の自治体職員も、宗教者、宗教団体に対して、政教分離を名目に連携を断ってしまったケースがあった。二〇一四年四月一日施行の「地区防災計画」（内閣府）には、市町村内の一定の地区における自発的な防災活動の担い手として、宗教施設への言及は一切ない。今、宗教施設を地区防災計画の中に取り込まないのは日本社会にとって、大きな社会的損失であろう。

宗教団体が災害救援活動をしてもたかが知れている、専門ＮＧＯにはかなわない、という声もある。しかし、実態はそうではない。宗教団体の社会貢献活動は、専門ＮＧＯなどとも連携しながら、専門性を高めている。

仏教ＮＧＯネットワーク（ＢＮＮ）は、東日本大震災で被災し、また避難所となった寺院からの意見をまとめて、『寺院備災ガイドブック』を作成した。避難所運営のマニュアルや、備災知識、緊急医療処置方法、また、そのまま使用できる避難者名簿や備品チェックリストも掲載されている。さらにこのガイドブックを使った研修も進められている。

東日本大震災の被災地で避難所や活動拠点として機能した宗教施設の多くが、日頃から地域社会に開かれていた。祭り、年中行事などに加え、宗教者が、平常時から自治体、自治会、ＮＰＯ、ボーイスカウトなどさまざまな社会的アクターと連携しているところは、災害時に連携の力を発揮した（前掲『震災復興と宗教』）。多くの人が、家を失い、家族を失い苦難の状況にある大災害時に、寺院が門戸を閉ざすという選択肢はなかろう。他方で、宗教施設には、宗教施設としての目的がある。宗教施設には、聖なるもの、文化財もある。その点も踏まえた上で、駐車場や寺院を部分的に開放するなど具体的な取り決めをし、地域での連携の動きを進めることが重要ではなかろうか。宗教社会学者として、また防災士の一人として、防災という観点から宗教施設と自治体、地域の連携の動きが広がることを願っている。

〈付記〉

本章は、以下を加筆修正したものである。

稲場圭信「自治体と宗教施設との災害協定に関する調査報告」（『宗教と社会貢献』第五巻第一号、二〇一五年四月）七一—八六頁。（http://ir.library.osaka-u.ac.jp/dspace/bitstream/11094/51351/1/rsc05_01_071.pdf）

東日本大震災の直後に立ちあげた「宗教者災害救援マップ」については、以下を参照されたい。

黒崎浩行・稲場圭信「宗教者災害救援マップの構築過程と今後の課題」（『宗教と社会貢献』第三巻第一号、二〇一三年四月）六五—七四頁。（http://ir.library.osaka-u.ac.jp/dspace/bitstream/11094/ 24490/1/rsc03_01-064.pdf）

〈注〉

（1）Social Capital：社会関係資本、などと訳される。信用を担う組織は社会にとって一つの資産であることに注目した概念。社会のさまざまな組織や集団の基盤にある「信頼」、「規範」、「人と人との互酬性」が強く、しっかりしているところは、組織、集団として強い。人々の支え合い行為が活発化し、社会のさまざまな問題が改善される。そのような考え方に異論は少ないだろう。組織や集団にあるこの「信頼」、「規範」、「人と人との互酬性」がソーシャル・キャピタルと言われるものである。欧米では、ソーシャル・キャピタルとしての宗教に対する関心が高い。宗教が、人と人とのつながりを作りだし、コミュニティの基盤となる可能性がある。アメリカのような国では、実際にそのように機能している。日本でも、かつては神社や寺院で行われる祭りや芸能を通して地域社会ができていた。

（2）以下の研究補助金による。日本学術振興会・科学研究費補助金・基盤研究A、研究代表者：稲場圭信（http://relief-map.jimdo.com/）

第四章　「信教の自由と政教分離原則」再考——東日本大震災の経験を通して

大石　眞

一　はじめに

東日本大震災は、あまりにも多くの尊い命と貴重な財産を奪ったが、その直後から、人々の葬送と追悼のかたちが問われたのは当然である。しかしながら、寺院・神社などを含めた人々の生活基盤である地域やコミュニティそれ自体が消失してしまうという深刻な事態を前にして、新たな課題が浮上している。すなわち、地域やコミュニティの再建問題を考えるとき、県や市町村等の公的機関は、憲法上の政教分離原則という枠の中で、寺院・神社などを含めて財政的支援をどこまで行うことができるか、という論点がある。もちろん、このような課題は公的機関のみの問題にとどまらないのであって、そうした事態において宗教あるいは宗教者はそのような人々や地域とどのように関わっていくべきかということも問われている。

その被災地では、宗派を超えた宗教者の協力の下に「公共性をもった宗教者」あるいは日本的チャプレン（臨床宗教師）の構想と活動が注目されているが、これと同時に、避難施設や仮設住宅といった、いわば閉鎖的な施設における信教の自由への配慮も必要なのではないか。もちろん、このことは、これまでの日本的な政教分離論から一歩踏み出すことを意味するかもしれないが、そうした配慮をすべきことは、欧米諸国ではむしろ当然視されているのであって、このような視点を欠いた硬直した従来の政教分離論こそ問題とすべきであろう。本章は、その趣旨を少し敷衍して説明しようとするものである。

二　東日本大震災の憲法問題

さまざまな混乱と軋轢

二〇一一年三月に起こった東日本大震災の被災地では、亡くなった身元不明者の供養に地方自治体がどこまで関与すべきかについて、日本国憲法が定めている「政教分離」原則との関係から、とまどい、苦慮している様子が、各種新聞などによって報じられていた。

その代表例を挙げると、全日本仏教会の呼びかけに応じて、被災地や近隣地域で複数の宗派の僧侶による「読経ボランティア」が組織され、遺体安置所や火葬場で読経を行ったが、自治体の中には、そうした公的施設において読経という宗教行為を行うことを容認するのは政教分離原則に反する、として僧侶の立入りを拒否したところがある。

また、地域の伝統・文化の継承や地域コミュニティの再生の重要性を謳った「福島復興再生基本方針(案)」という閣議決定に対するパブリック・コメントで、全日本仏教会や日本宗教連盟は、地域の伝統的な宗教施設である寺社などが歴史的・文化的な基盤を担ってきた事実を踏まえて、「宗教文化」という事項を加えるべきだとする意見書を提出したが、これに対して復興庁は、「宗教そのものの観点から復興施策を講ずることについては、憲法第二十条の規定を踏まえ、慎重な対応が必要」だと回答した。

憲法と信教の自由・政教分離原則

最初の例については、人々の信教の自由や魂への配慮という問題が等閑になっていないか、という問題を指摘することができる。また第二例については、後に復興庁統括官からの補足（二〇一二年八月一七日付）があり、「宗教施設であるからといって、直ちに国の施策の対象外となるものではなく……地域の伝統や文化、コミュニティの再生等の面から、地域の復旧・復興施策の対象となり得る」ことが示されたようである。

このような事例をみると、いわゆる政教分離原則は、具体的な状況と関連づけた場合、それほど単純なものではないことが浮き彫りになるが、同時に、わが国における従来の政教分離原則論や信教の自由に関する考え方はもちろん、それを定めている日本国憲法の解釈のあり方に対しても、相応の反省と自覚が迫られているのではないか、と考えられる。

この点を再考するのが本章の課題であるが、これについて、私としては、日本と同様に政教分離原則を採用しているといわれるフランスの政教関係の具体的なありようを検討すること（四節参照）を通して、これまでの硬直した日本の政教分離論を見直すことの必要性を訴えたい（五節参照）。ただ、その前に、日本の政教関係論の背景にある国家・教会関係の理解や、その類型化に潜む問題点について概観しておきたいと思う（三節参照）。

三　教会・国家関係と「政教分離」像

多様な教会・国家関係とその制度上の標識

そもそも、政教分離原則という場合の「政教」とは、基本的に政権（政治上の権力）と教権（宗教上の権力）とを指す観念で、「政教関係」というのは、教会と国家との関係を示す。したがって、「政教分離」原則とは教会と国家との分離を指向する国政上の原理を意味し、現在、アメリカ合衆国・フランスの憲法体制などで採用されている考え方である。

しかしながら、それは立憲主義諸国における普遍的な原理とまで言うことはできない。というのも、今日でも、むしろ、それ以外の政教関係の類型、すなわち国教制度をとる国や公認宗教制度を採用している国は多く、例えば、前者はイギリス・北欧三国などに見られ、後者はドイツ・イタリアなどで行われている。

そのため、地域的な取決めである欧州人権保護条約も、包括的な人権条約としての自由権規約も、ともに信教の自由をいわば普遍的原理として定める一方で、教会と国家との関係について特定の原則に立つべきことを要求してはいない。このことにまず留意する必要がある。

次に、そのような政教関係の類型については、それぞれの憲法制度上の標識をどの点に見出すかということも問題になる。この点を意識しながら、現代の立憲主義諸国における教会・国家関係を整理すると、以下のようになる（ここでは、国家と宗教が明確に区別されない「融合型」とも呼ぶべきイスラーム諸国でよく見られる類型を除く）。

（a）国教制度型――これは、国民の大多数の属する一つの宗教があり、国がその特権的地位を国が保障するとともに教会の内部事項に対して一定の関与を行うものであり、当該宗教は「公事」としての意義を有することになる。現に、この類型に属するとされるイギリスの場合、国家元首は同時にイングランド教会の首長となり、またイングランド教会の聖職者は議会上院（貴族院）の構成員となっている（ただし、イギリスでも、スコットランドなどイングランド以外の地域は別であるという事実にも、注意を払う必要がある）。

（b）公認宗教型――これは、複数の宗教団体に特別の法的地位を与えるもので、ここでも当該宗教は「公事」としての意義を帯びることになる。その代表例をなすのが現在のドイツ連邦共和国であり、ここでは、ローマ教皇庁と政教条約を締結した、カトリック教会・福音主義教会その他の伝統的教会は、憲法上「公法上の団体」と位置づけられ、教会税の徴収権を認められるほか、その宗教教育も公立学校における正課として保障されることになる。

（c）政教分離型――これは、教会と国家との分離を図り、その間に「分離の壁」を設けようとするものである。具体的には、いずれの宗教団体に対しても特別の法的地位を認めることはなく、宗派平等の原則が要求されるだけでなく、宗教を「私事」として取り扱うことが要求され、あらゆる宗教団体は他の私的団体と同様に私法上の法人となりうるにとどまる。

政教関係の類型に関する留意点

このような政教関係の類型をみるとき、いくつか注意すべき点がある。まず、わが国では信教の自由の保障のためには、（c）政教分離型がもっとも望ましいと説かれることが多い。確かに、例えば、公定された宗教以外の宗教に対する寛容の精神がなく、異宗徒に対する弾圧を繰り返した古典的な国教制度（絶対的国教制）などを念頭に置くと、そうした説明にも一理はある。

しかしながら、今日では、先に見た（a）国教制度、（b）公認宗教制のいずれの下にあっても、信教の自由を尊重する立場から、他の宗教・宗派に対する寛容という原則は厳に確立されている。したがって、（c）政教分離型を単純に理想化することには慎重でなければならない。というのも、宗教または宗教的心意を完全な「私事」として取り扱い、国民の公的生活から切り離すことが、私たちの社会や政治的共同体にとって幸いなことかどうか、必ずしも明らかではないからである。

次に、等しく（c）政教分離型を採用する場合であっても、その具体的な制度の内実には大きな違いがあることを挙げることができる。例えば、イギリスでも行われる議会開会に際して捧げられる公の祈りというものを考えてみると、アメリカ合衆国では国教樹立を禁止した憲法には違反しないと判断されているが、フランスではまずその慣行を禁止することから、政教分離・ライシテの原則が始まったと解されている。

また、宗教団体に対する国有財産などの公的財産の供与について、日本国憲法は政教分離の立場からそれを禁止すると解されているが、フランスの政教分離法では、宗教団体への公金支出は原則的に禁止するものの、公的財産の供与を禁止する規定は見当たらない。というのも、そこでは、古くから存在する多くの教会堂・礼拝堂・聖堂などは、その歴史的経緯から、制度上、国または地方自治体の所有する財産とされている。そのため、その無償使用権が関係の宗教団体に与えられなければ、ほとんどの宗教活動が事実上締め出され、その結果、国民の信教の自由を奪うことになるのは目に見えている。そこで、フランスの政教分離法は、日本国憲法のような公的財産の供与を禁止する規定を設けず、それを認めているのである。

四　フランスの政教分離原則

日本の学説の中には、フランスの政教関係について、アメリカとともに「徹底した政教分離」や「厳格な分離」のモデルとして、これを日本国憲法の解釈に役立てようとする例も見られるが、これはフランスの自己認識とは大いに異なっている。その実像を描き出そうとするのがここでの課題であるが、しばしば「徹底した政教分離」や「厳格な分離」のモデルとして紹介されるフランスの政教分離は、具体的にどのような姿を見せるのだろうか。

一九〇五年政教分離法の概要

一九〇五年一二月に成立した政教分離法――正確には「国家と諸教会の分離に関する法律」という――は、その総則規定において、①良心の自由と自由な宗教活動を保障する（第一条）とともに、②あらゆる宗教に対する国の公認、俸給の支払い及び補助金の交付を禁止し、宗教予算も原則として禁止すること（第二条）を定めている。

これに対しては、後述するように注目すべき例外も認められているが、その規定によって、信教の自由と政教分離の原則――それは概括的に「ライシテの原理」と呼ばれる――が明記されると同時に、先に見た国教制度はもちろん、公認宗教型も原理的に排除されることになる。

その趣旨から、政教分離法は、伝統的な大聖堂・教会堂など礼拝用施設や神学校・神学部を含む宗教的建造物の所有権が国または地方公共団体に帰属するものとし、その無償使用権を新たに結成されるべき「信徒会」に与える、という仕組みを採用したのである。

したがって、最大勢力のカトリック教会も、他の宗派と同様に、司教協議会の任意開催や教会堂の建設などいろいろな宗教的自由が認められ、政府の司教任命権も廃止されることになったが、その反面、聖職者はすべて公的地位を失い、財政的支援も受けられなくなった。他方、宗教目的の行進など外部的な宗教活動は市町村長の一般的な規制権限に服するものとなり、とくに礼拝のための集会は、公開されたものであること、集会法（一八八一年制定）所定の要件にしたがうことのほか、届出制とされた。

こうして教会と国家は制度上分離され、すべての宗教団体は、他の私法上の団体と同様に取り扱われるようになった。それまで宗教活動の経済的・物質的基盤となっていた宗教的な公共法人は廃止され、その財産は、政教分離法公布後一年以内に結成されるべき「信徒会」に移管されることになった。実際、プロテスタントとユダヤ教については、そのような組織が分離法所定の手続と要件にしたがって相次いで結成され、教会財産の受け皿になった。

ところが、カトリック教会の場合、分離法所定の「信徒会」組織は、その団体の指導者に司祭を従属させるものだとして、その根本的な組織原理である聖職位階制との関係で問題視され、ローマ教皇もその設立を正式に禁止してしまった（一九〇六年八月）。

この状態がそのまま続けば、国民の大多数を占めるカトリック信者の宗教活動の基盤となるべき団体（信徒会）の結成が宙に浮いてしまい、全国各地の聖堂・教会・礼拝堂などはすべて閉鎖されるという事態を招くであろう。これでは、たんに政教分離法の命運を左右するだけでなく、国民生活に大混乱を引き起こすことになる。そこで、一九〇七年に入って間もなく、最悪の事態を避けるための一連の立法措置が講じられたが、その詳細についてはここでは立ち入らない。

さて、前に記したように、政教分離法第二条は宗教団体に対する公金支出を禁止しているが、その但書きは、一定の例外を認め、「施設付き司祭の業務に関わり、かつ、リセ、コレージュ、小学校、救援施設、社会養護施設及び刑事施設等の公共施設における自由な宗教活動を保障するために供される支出」については、公的予算に計上しうることを定めている。これは、言うまでもなく、ライシテの原則と宗教的自由とを両立させるための措置である。

なお、この政教分離法第二条に見る例外のほかに、宗教的行為に対する公的支出がいっさい認められないのかは問題である。これが「補助金問題」と言われる論点であり、とくに公物である聖堂・教会堂などの補修や維持のために公金を支出することの可否が問題とされた。この論点は、政教分離法第一三条にそれを認める付加改正を行う（一九〇八年）というかたちで間もなく解決されたが、それ以外の補助金問題の行方については、すぐ後で検討することにしよう。

政教分離原則の変容

一九一四年に勃発した第一次世界大戦は、欧州の国際関係を大きく変化させたが、フランスの政教分離法の運用にも多大の影響を及ぼした。その変化は、一般に「敵対的分離・厳格な分離から友好的分離・協調の中の分離へ」という標語で表されるが、そこにはいくつかの要因があった。

その経緯をここで詳しく紹介する余裕はないが、主要な要素を述べると以下のようになる。すなわち、第一に、分離法の施行直後から生じた数多のカトリック関係の宗教紛争、すなわち教会の無償使用権や教会内の秩序維持をめぐる争いなどについて、司法・行政裁判所はともに教会の自主的決定権を尊重し、自由主義的な判例を確立した。

第二に、前記の補助金問題については、判例や学説において、分離法の定める公金支出禁止の原則は永続的かつ規則的に補助金を交付する目的で経費を計上することをいい、救護院や慈善団体などが行う宗教色を伴うものの公益性をもつ活動に対する助成や司祭に対する教会管理手当などの支出は認められる、とする緩和解釈が定着した。

第三に、分離法が直面した最大の難題は、先に述べたカトリックに関する同法所定の「信徒会」結成問題であったが、この点についても、一つの司教区に一つの団体しか設立しえない——したがって司教の権威を維持しうる——というかたちで、政府と教会との間に画期的な妥協が成立した。これによって、カトリック「司教区会」の結成が認められ、ローマ教皇も、第一次大戦後の一九二四年六月、フランス国内の司教に対し、その結成を公式に認めるにいたった。

この点で忘れてならないのは、カトリック「司教区会」結成問題を解決に導いたのは、第一次大戦の勃発時にドイツ帝国領土であったアルザス・ロレーヌ三県のフランス領への復帰をめぐって行われた政府とカトリック教会の交渉であった、ということである。

というのも、フランス領に再編入されたアルザス・ロレーヌ三県では、ドイツ帝国の公認宗教体制が存続していたが、この地域に反教権主義立法である結社法（一九〇一年）や政教分離法などを適用すべきかどうかが問題となった。しかし、両者の交渉の結果、民法その他の規定は一般的に同地域に適用される一方、結社法に代表される非営利社団に関する立法は施行しない、宗教・修道会に関する地方立法は引き続き適用される、ということになった。

こうして、アルザス・ロレーヌ地方では、フランス領でありながら、政教関係については一般的な政教分離制度とは異なる公認宗教体制が、非営利社団法制についてはドイツ法のしくみが、それぞれ特例制度として存続することになった（後者については、近年の法改正によって変更が加えられたが、その説明は省略する）。このような特例制度が並立していることも、フランスのライシテ原理の一つの特徴でもある。

施設付き司祭というしくみ

政教分離法が、先に見たように、いわゆる施設付き司祭の制度と関連予算を認めているのは、自由な宗教的活動を保障することからすると、ごく自然な選択と言うべきであろう。

この施設付き司祭という制度は、教育施設・病院・刑務所・軍隊などの閉じられた施設で生活せざるをえない人々の礼拝活動のために、聖職者が宗教的な役務を提供するしくみを指している。その歴史は古く、しかもライシテの原則の一つの構成要素として理解されている。

もともと、この制度はカトリック起源のものであって、現在のカトリック教会法典にも「団体付司祭」に関する詳しい規定が設けられている。もちろん、カトリックに限られるわけではなく、例えば、軍の施設付き司祭について言えば、プロテスタント・ユダヤ教の聖職者と並んで、最近はイスラーム聖職者も任命されている。その意味で、施設付き司祭の制度は普遍性を獲得したと評することができよう。

次に、学校における施設付き司祭をみてみよう。これについては、まず、第三共和制の教育関係法規は、基本的に、学校における政教分離を推し進める方向で制定されてきたが、公教育の場から一切の宗教教育を締め出そうとしたわけではない。この点は、現在の教育法典に編入されたいくつかの条項をみれば、明らかである。

すなわち、そこには、「国は、公立学校の生徒に対し、礼拝及び宗教教育を保障するために有用なあらゆる措置を講ずる」とか、「公立の初等学校は、親が望むときは、その子どもに学校施設外で宗教教育を施すことができるように、日曜日のほか週一日を休校とする」とかいった規定が見られる。したがって、日本では、政教分離原則と言えば、直ちに公教育から宗教教育を追放するかのように誤解する傾向があるだけに、充分に注意する必要がある。

そして、公立の中等教育学校における施設付き司祭――初等学校には設置されない――については、一九六〇年の二つの命令、すなわち公教育における宗教教育及び施設付き司祭に関するデクレと同名の国民教育省令に詳しい規定が設けられ、現在は教育法典に編入されている。そこには、「寄宿舎を具えた公立の教育施設においては、施設付き司祭は生徒の親の求めに応じて設ける」、「この宗教教育は、教育施設の中で、施設付き司祭及び他の宗教教師により行う」、そして、こうした「宗教教育は、学校長が定める時間割当てにしたがい、授業時間割以外の時間に、施設付き司祭が行う」といった内容があり、ここにも信教の自由への配慮をうかがうことができよう。

病院におけるライシテ

病院における施設付き司祭については、これまでに見た軍隊や学校の場合のようなまとまった規定はなく、判例や通達によって政教分離法第二条の具体的な適用態様が定められ、その地位は大臣通達によって定められている。また、現行の公衆衛生法典は、入院患者の自由な礼拝活動を確保し、病人の信条を尊重すべきことを定めた多くの規定を設けているが、さらに入院案内には、入院患者の宗教に配慮すべきことを定めた入院患者憲章が添えられており、これは政教分離法第二条とともに病院付き司祭の制度の法的根拠の一つを形づくると言われる。

もっとも、すべての病院が特別の礼拝場所を設置しているわけではなく、また、常駐の専属司祭を置いている病院は稀であって、多くの病院などは契約職員の資格で宗教者・司祭を雇用しているようである。

病院におけるライシテについては、この施設付き司祭のほかにもいろいろな課題がある。フランスでは死者の七割は病院で亡くなっていると言われるが、これを前提とすると、病院では、死にゆく者の自由、その家族への配慮を確保することが重要になる。そこで現行法は、本人または家族に対する宗教面における各種の配慮をうかがわせる、以下のような規定を設けている。

まず、入院患者本人の信教の自由を保障する立場から、「入院患者は、それぞれの礼拝の執行に参加できる状態に置かれなければならない。入院患者は、施設管理者にあてた要求書により、その選択する祭司の訪問を受ける」とされている。

しかし、これでは、他の入院患者などがいるところでは秘密を守ることができず、実践しにくいかもしれない。そこで、とくに終末を迎える者の処遇について規定が設けられ、「入院患者が臨終間際の状態にあるときは、望みうる最大限の慎みをもって、個室に移動する」こと、及び「近親者は、その者の許に留まり、臨終に立ち会うことができる」旨が明記されている。

この点でさらに注目されるのは、法典自体には直接に書かれていない配慮措置を述べた、国から県知事・公私立の病院長などに宛てた「保健衛生施設におけるライシテに関する通達」である（二〇〇五年二月二日）。ここには、「臨終間近の病人及び故人の家族は、その選択する宗教の定める典礼と儀式を行うことができることを保障されなければならない」と明記され、病院で死亡した場合の家族に対する配慮が示されている。これは、特定の場面に限られるものの、公立病院施設で宗教的儀式を行いうることを認めた措置としてライシテの原則の内実をうかがう意味で注目される。

五　信教の自由と通俗的な「政教分離」観からの転換

信教の自由の理解について

日本国憲法第二〇条にいう「信教の自由」の内容については、一般に、①内心における信仰を含むことは当然として、②宗教活動・宗教教育の自由、つまり集会・礼拝などにより自らの信仰を実践し、布教などによりその教義を社会に広めたり、教義にしたがった宗教教育を施したりする自由に加えて、③信仰目的のために宗教団体を結成する自由を含むものと解されている。ここからさらに、④結成された宗教団体それ自体の組織・運営の自由――欧州諸国ではそれを「教会自律権」と呼ぶことが多い――も保障されると考えられる。

これに対し、いわゆる宗教的人格権、すなわち「静謐な宗教的環境の下で信仰生活を送るべき法的利益」という主張がなされることもあるが、その外延は必ずしも明らかでなく、最高裁判所も、いわゆる自衛官合祀事件においてその主張を斥けている（最高裁昭和六三年六月一日大法廷判決）。

いずれにせよ、そうした内容をもつ信教の自由を保障するというのであれば、社会生活における宗教の意義や価値を認めるという前提に立った具体的な法制度が必要とされる一方で、憲法の精神は、宗教を「人民の阿片」とみるマルクス主義や宗教を否定する無神論的な世界観などとは相容れないことになる。

実際、教育基本法において、「宗教に関する寛容の態度、宗教に関する一般的な教養及び宗教の社会生活における地位は、教育上尊重されなければならない」（第一五条一項）と定められているのを始めとして、そうした態度や宗教の意義を尊重すべきことを前提とした現行法上の規定は多い。

したがって、無神論的な国家観を標榜する旧ソビエト連邦憲法が定めていたような「反宗教的宣伝の自由」など（例えば、一九七七年憲法第五二条）は、信教の自由それ自体の内容として保障されるものではない、と考えるべきであろう。もちろん、誤解のないように付言しておくと、そのように説くことは反宗教的宣伝の自由があることを否定する意味ではない。それは、信教の自由の保障内容としてではなく、むしろ思想の自由（日本国憲法一九条）や表現の自由（同二一条）の問題として考えるべきだというにすぎない。

政教分離原則の意味するもの

さて、これまで「政教分離」という言葉を無造作に用いてきたが、その用語は、現行の日本国憲法はもちろん、現行法令のどこにも見当たらない。したがって、それによって何を表すかは、さしあたり、その用語を使う人がそれぞれ思い思いのイメージを描いて自由に決めることができる。

けれども、それを憲法論として用いるときは、個人的な想いや理念から離れて、国民全体の生活を律する客観的な規範を示すものとして使われる。つまり、場合によっては、国会が制定した法律の規定をも憲法違反・無効とするような重大な意味のある規範を表すものとして用いられる、ということを肝に銘じておく必要がある。

憲法規範としての「政教分離」原則は、一見、「政治」と「宗教」の分離を求める思想を指すように映るが、そうではなくて、すでに触れたように（三節参照）、政権（政治上の権力）と教権（宗教上の権力）を分けることが肝要なのである。もし、「政治」と「宗教」を、それぞれ何らかの事象や心意のことだと解するなら、その間の分離を図ることなどそもそも不可能であろう。というのも、ある事象や心意それ自体は、決して制度上「分離」されるようなものではなく、その置かれた社会的状況に応じて「政治」「宗教」のいずれか、あるいはその両者の性格を帯びることになるからである。

このように考えると、「政教分離」原則は、制度上それでありうるもの、つまり国家と宗教団体（教会）との組織的な分離と解すべきであろう。実際、その原則を採るアメリカやフランスでは必ず「国家と教会との分離」という用語が使われるのである。

それでは、政権と教権の分離とは、具体的にどのような関係を指し、どのような要素を備えるべきなのか。この点については、憲法の明文で「国教の樹立」を禁止しているアメリカ合衆国や、法律で「諸教会と国家の分離」を明記しているフランスの例が経験的にみてもっとも参考になるが、これを定式化すると、以下の二点に集約されよう。

①国は、いかなる宗教・宗派についても、公認したり優遇したりしない。

②国は、いかなる宗教・宗派に対しても、補助金を支出したり俸給を支払ったりしない。

日本国憲法は、第二〇条で「いかなる宗教団体も、国から特権を受け、又は政治上の権力を行使してはならない」ことと「国及びその機関は、宗教教育その他いかなる宗教的活動もしてはならない」ことを（右の①に当たる）、そして第八九条で「公金その他の公の財産は、宗教上の組織若しくは団体の使用、便益若しくは維持のため……これを支出し、又はその利用に供してはならない」ことを（右の②に当たる）、それぞれ明記している。そこで、憲法は政教分離の原則を採用していると言われるのである。

最高裁判所は、これまでの判例において、「政教分離原則とは、国家（地方公共団体を含む……）は宗教そのものに干渉すべきではないとする、国家の非宗教性ないし宗教的中立性を意味する」とし、さらに「憲法は、政教分離規定を設けるに当たり、国家と宗教との完全な分離を理想とし、国家の非宗教性ないし宗教的中立性を確保しようとした」とも説いてきた（最高裁昭和五二年七月一三日大法廷判決、最高裁平成九年四月二日大法廷判決など）。

しかしながら、この「国家（地方公共団体を含む……）は宗教そのものに干渉すべきではない」とする命題の意味は、明確と言えるだろうか。というのも、先に述べたように、ある行為主体が他の行為主体に対して「干渉すべきではない」と説くことは意味のある命題であるが、ある事象や心意に対して「干渉すべきではない」と説くことは意味をなさないはずだからである。したがって、また、国家と教会の分離は可能であるが、宗教は国家的な共同生活から切り離しえないものであり、その「完全な分離」を「理想」などと説くことは、はなはだミスリーディングであろう。

政教分離論と信教の自由

いずれにせよ、すでに述べた信仰の自由との関係及び国民生活における宗教の位置づけからすると、政教分離の原則には、以下のような例外と限界があると考えられる。

第一に、閉じられた公的施設にあっては、礼拝・信仰を実践しうる場を確保するために、政教分離原則は後退すべきである。すでに見たように、フランスの政教分離制の下でも信仰の自由への配慮から施設付き司祭の制度が設けられているが（四節参照）、日本では、ターミナルケア（終末期医療）を施す公的な医療機関でもそうした配慮をしていないのが実情で、信教の自由の観点からすると大きな問題がある。各宗派の宗教家が要請を受けて刑務所・拘置所・少年院などで行う宗教教誨の活動についても、それと同じ視点から評価することができよう。

この政教分離論と信教の自由との関係が公立学校での代替措置の可否というかたちで問われたのが、いわゆる神戸高専事件である。これは、宗教的理由に基いて特定科目の受講を拒否したため結果的に退学処分などを受けざるをえなかった学生が、その処分の取消しを求めた事案であるが、最高裁は、工業高専学校側の「代替措置を採ることは憲法二〇条三項に違反する」との主張に対し、「例えば、他の体育実技の履修、レポートの提出等を求めた上で、その成果に応じた評価をすることが、その目的において宗教的意義を有し、特定の宗教を援助、助長、促進する効果を有するものということはできず、他の宗教者又は無宗教者に圧迫、干渉を加える効果があるともいえない」とし、「およそ代替措置を採ることが、その方法、態様のいかんを問わず、憲法二〇条三項に違反するということができない」と指摘して、退学処分などについて学校長の裁量権を超える違法なものと判断した（最高裁平成八年三月八日第二小法廷判決）。

そもそも、この処分を行った学校側、そして原告の請求を斥けた第一審判決の判断は、右に見たような信仰の自由と政教分離の原則との合理的な調整という視点を忘れ、後者を絶対視した結果と言えよう。しかしながら、このような結果は、当時の学説においても政教分離原則を絶対視または厳格化する議論が多数を占め、合理的な調整の必要を説くものは極めて少なかったという状況を想えば、その歪んだ結論の責任を学校側や裁判官にのみ押し付けることはできまい。

現在では、しかし、両者の緊張関係を明確に意識した学説が次第に形づくられており、本章の立場と同様に、「厳格な分離を要請することが、むしろ、個人の宗教の自由を制限することもある」として、政教分離原則の厳格化傾向に対して注意を促す論者が増えつつある。

第二に、国民生活上の伝統として習俗化した宗教起源の行事と政教分離原則との関わりも、しばしば問題視され、そうした習俗化した宗教的行事に公的機関が関わる場合、憲法が禁止する「宗教的活動」に当たるかどうかが争われることがある。この問題については、しかし、最高裁によって「目的効果規準」と呼ばれる判例法理がすでに確立され、「憲法二〇条三項にいう宗教的活動とは、およそ国及びその機関の活動で宗教とのかかわり合いを持つすべての行為を指すものではなく、そのかかわり合いが右にいう相当とされる限度を超えるものに限られるというべきであって、当該行為の目的が宗教的意義を持ち、その効果が宗教に対する援助、助長、促進又は圧迫、干渉等になるような行為」とされる。したがって、そのような目的・効果をもつ行為に該当しない限り、習俗化した宗教的行事に公的機関が関わることも憲法違反の誹りを受けることはないであろう。

六　おわりに

以上述べたところから分かるように、日本の通俗的な硬直した政教分離論とその背後にある国家・教会関係論は、フランスのライシテ原則をめぐる標語的な理解にも示されているように、必ずしも充分ではない。西欧型の政教分離の原則は、およそ政治と宗教を分離し、政治的共同体から宗教を追放しようとする趣旨ではなく、むしろ常に信教の自由との調整を求められるものである。

したがって、政教分離の原則は、無神論的・敵対的なものでなく、いわば有神論的・友好的な分離でなくてはならない。したがってまた、それを国家の「非宗教性」として語るのは妥当でなく、むしろ国家の「宗教的中立性」の原理として理解することから国家と宗教との関わり合いの是非を考え、この観点から憲法解釈も再検討されるべきであろう。

〈参考文献〉

大石　眞『権利保障の諸相』（三省堂、二〇一四年）
『憲法と宗教制度』（有斐閣、一九九六年）
田近　肇「津地鎮祭事件最高裁判決の近時の判例への影響」『法学教室』三三八号（二〇一二年）
「大規模自然災害の政教問題」岡山大学法科大学院『臨床法務研究』一三号（二〇一四年）
文化庁編『海外の宗教事情に関する調査報告書』（二〇〇八年）

第五章　原発被災者への支援――被災地の宗教者を中心に

島薗　進

一　原発被災者の苦難に寄り添う

被災者の中でも原発被災者の場合、報道されにくく、認識されにくい困難が続いており、苦悩や怒りは重い。そこでの支援活動も自ずから容易ではない。宗教者災害支援連絡会では、原発被災地の宗教施設で宗教活動を行ってきた宗教者の方々からお話を伺うとともに、数度にわたって原発被災地で活動する宗教者の傾聴活動や除染活動に加わるなどして、原発被災地での支援活動の実際について学ぶ機会を持った。

宗教者による原発被災者への支援活動の中でも大きな広がりを持つものに保養プログラムがある。例えば、鎌倉の建長寺では二〇一三年から毎年、夏休みに、宗教・宗派を超えた協力体制で保養プログラム「鎌倉で遊ぼう」を行っている。臨済宗建長寺の施設に福島県の中通りの子どもと親が宿泊し、鎌倉の宗教施設の見学を行ったり、海岸や野山での遊びに加わる。鎌倉大仏で知られる浄土宗高徳院、カトリック由比ケ浜教会、立正佼成会、世界救世教鎌倉教会などが、それぞれの特徴を生かして支援に加わっている。

キリスト教諸派の連合による「ふくしまＨＯＰＥプロジェクト」、仏教諸派の連合による「terra ねっと福井サマーキャンプ」なども行われてきた。また、浄土宗による「ふくしまっ子Ｓｍｉｌｅキャンプ」や「真如苑週末保養ツアー」のように単独宗教・宗派で長期にわたって持続されている保養プログラムもある。

二　被災地の宗教施設を拠点にした支援

しかし、ここでは、主に被災地の宗教施設を拠点にした、宗教者による被災者支援のあり方について述べていきたい。二〇一四年六月の宗援連情報交換会では、木ノ下秀俊氏（真宗大谷派現地復興支援センター、南相馬）による「それぞれのふくしま」と題した話を伺った。その内容は宗教者災害支援連絡会のホームページ（https://sites.google.com/site/syuenrenindex/）に記録されているが、それに沿って紹介していきたい。

真宗大谷派原町別院を本拠とする木ノ下氏だが、震災当時は原発に近い富岡町におり、人々とともに飯舘、福島、米沢、飯豊と避難した。そのとき頼りになる情報はメディアを通しては得られなかった。「何を信じればいいのか？」、以後も疑い続けている。

原発関係者からとにかく逃げるようにと言われたが、後で事実そうだったとわかった。行政とメディアの情報はあてにならないというその時の状況は今も続いている。放射能の情報も同様。稲を作るのかどうか。行政に言われても確かな情報はない。だから皆がそれぞれに判断しなくてはならない。したがってその判断は多様にならざるをえない。それをお互いに認めて生きていくほかない。「それぞれ」を尊ぶことが日々必須のことだ。ところが「福島」とか「被災地」で一括されてしまう。「一人ひとり」が尊ばれていない。

雁屋哲氏のコミック『美味しんぼ』で放射性物質による鼻血が話題になったことについては、あらまし以下のように語った。「鼻血は避難所で見聞きしたことがある。何を今さらと思ったが読んでみた。よく言ってくれたという思いがあるが、案の定つぶされた。放射能のほの字も言えないような状況が福島県内にある。なかったことにして「復興」に進もうとしている。心配があっても言えない。黙ってしまうしかない。心配していないわけがないが、口に出すと白か黒かになってしまう。対立しないためには言えない。そこで、誰にも言えず不安を抱えるようになっていく。そうして孤立していくことになる。皆、一人ひとりだ。」

木ノ下氏は長く続くことになる困惑を語った。「宗教者として何かをするか？　初めにはそういう意識は持てなかった。人が必要としていることに応じていくことで精一杯だった。今はどうか。「人は一人ひとりなんだ」ということを踏まえて、一人ひとりの人間に会っていくこと。そしてできるだけのことをしていくこと。」

だが、木ノ下氏はこのような状況だからこそ、宗教者にできることがあるかもしれないと語ってもいた。「もしかすると宗教者なら話せるということもあるかもしれない。人は自由な立場で寺に来るからだ。だから「用心しながら生きていく」「用心するに越したことはない」というようにしている。そうして普通につきあっていくようにしている。」控え目に、また慎重にではあるが、宗教者としての足場を強く自覚しつつ、被災者の心の痛みに寄り添おうとする姿勢を示すものだろう。

三　曹洞宗の若手僧侶の災害支援

二〇一二年から一四年にかけて原発被災地での傾聴や除染を見聞する機会を持った。その際、お世話いただいたのは、福島県伊達市霊山地区の成林寺の副住職である久間泰弘氏である。成林寺は、二〇一一年から一三年にかけて、全国曹洞宗青年会震災支援現地対策本部が置かれた寺院だ。この地域は放射線量が比較的高い地域だ。久間泰弘氏はさらに放射線量の高い小国地区にある龍徳寺の住職でもあるが、震災直後から現地対策本部長として同会の支援活動の中心になって働いた。その後、支援の拠点は福島市に移ったが、氏は全国曹洞宗青年会顧問兼災害復興支援部アドバイザーとして引き続き支援活動に多くの時を費やしている。

『Actio』誌二〇一四年六月号にはジャーナリストの川崎陽子氏が、二〇一三年八月と一四年四月の二度にわたり、久間氏に聞いた話をまとめた記事が掲載されている。「福島県伊達市の住職・久間泰弘さんに聞く被災地でいのちの声に耳を澄ます」と題されたこの記事は、震災に向き合って行われてきた曹洞宗青年会の支援活動の実態と、福島原発災害の今なお続く重苦しい被害の実情を明らかにしている。私は二〇一二年春から何度かこの成林寺を訪問し、久間氏の話を伺う機会があった。川崎氏の記事は、私が伺った話と重なる点が多く、私の聞いた話を裏書きするものである。

久間氏は震災直後、布団マットの手配や簡易更衣室の設置など、現場の要望を関係機関に届ける役割も果たした。今も福島・宮城・岩手の三県で約三〇ヶ所の仮設住宅を、一日二ヶ所、週平均二回の割合で訪問し続けている。仮設住宅では集会所で茶菓をふるまい、被災者の話に耳を傾ける。曹洞宗ではこれを「行茶」とよび慣わしている。

四　原発被災地の困難

久間氏はこの三年間、福島県だけではなく、岩手県、宮城県でも多くの被災者の話を聞いてきた。イベントをしたり楽しい時を過ごす工夫もしてきた。だが、宗教者だからこそ頼られるというような場合もあった。「法話など有難い話を聞いて涙を流したいとか、今の環境から自分の境遇を切り離すというのですかね、宗教的なところに自分の気持ちを委ねたいと言う方もおられます」(一一二頁)。信頼を得ることによって、深い悲しみや苦しみを打ち明けられることも多い。

被災地は、日常生活で格差のある人々が一つの箱に投げ込まれたような状態なので、実際に行ってみると、平常時よりも差別とか偏見とかがいっぱいあります。家庭内不和などがあると、避難所や仮設住宅で我慢の限界を超えて、人は爆発しちゃうわけですよ。精神面で追い込まれますよね。『チャイルドライン』という無料電話相談の活動で私が受けた電話では、女学生が『帰りたくないので、これからどこかに行きます』と言って電話を切ったことがありました。『これからどうしたらいいんでしょうか』とか、そういう話がいっぱいあるんです。(同前)

久間氏は、報道はされないが自ら命を絶つ人が増えているととらえている。以下は二〇一三年八月に川崎氏が聞いた言葉だ。

避難するとか除染をしてもらうといった選択肢がないままに、追い込まれて死を選んだ人が増えています。あとの人に迷惑がかからないようにと死んでいく人もいます。

最初の一年は踏んばれた部分はあるが、水俣病問題に象徴されるようにこれからが大変です。みんな疲れており、ほとんど半病人状態。地元の社会福祉協議会やボランティアたちなども、被災者の自立が大切なことはわかっているが、体は動かず気持ちも向かない。マンパワーも足りないが、日本の政府や自治体の長に、トータルなヴィジョンを提示する能力がない。当座はわかりやすくていいので、それ(ヴィジョン)を出して人の命をつなげないと、人は死んでいきますよ。復興とか急場を担当する人は、それだけやればいいんですよ。政治生命などにとらわれない人間がやればいい。(一一二—一一三頁)

五　地域社会の分断と寺院の役割

久間氏が「水俣病問題のように」と言うのは、住民同士が対立したり差別が生じたりして、近隣や家族の中にまで分断が入り込んでしまうような状況を指すものだろう。はなはだしい困難は龍徳寺のある小国地区で生じた。

小国地区など伊達市の一部では、年間積算放射線量が二〇ミリシーベルトと測定された世帯が二〇一一年六月と一一月に「特定避難勧奨地点」に指定されたが、すぐ隣でほとんど同じ状況の世帯は指定からはずされるというようなことが起こった。そして、二〇一二年一二月にその指定も解除され、小学校を地域で再開することになった。ところが、二〇一三年春、七名入学予定だった新入生がゼロになってしまった。避難先からのスクールバスが廃止になったので、長距離を親が送り迎えしなくてはならず、やむをえず避難先の学校に入れることになった。「子どもの入学がゼロ。すなわち未来がゼロになるととらえる人って多いんですよね。子どもはやっぱり未来ですから。」もし小国地区が子供がいない地域になるとすれば、そこにある龍徳寺の未来も危うい。四〇〇年から五〇〇年にわたる歴史をもつ寺院だが存続の危機にさらされているのだ。

二〇一三年から一四年へと時は移るが、その間に状況はさらに悪化しているという。

ある意味、皆さんやっぱりしんどく、雰囲気的に重くなってきている感じはします。しんどさというのは、復興がいつまでも進まないということ。あとは原発事故があるので、将来像を描きにくいというのは、昨年の夏からずっと変わってないですからね。ええ、あきらめですね。自嘲気味に話す方が増えてきたことが、気になっています。

先日県内での行茶で、いつもお会いするおばあさんが、今回は見送りに私のそばに寄って来て言ってくださったんですよ。『遠いところをいつもありがとうございます。いつも本当に助けてもらって。待っているんですよ。また来てくださいね』と。その時の眼差しがね……。二年は経ちましたけどまだまだそういう方がおられて。私は、能登半島や中越沖地震でも、そして今度の震災以降もずっと行茶の活動をさせていただいているんですが、本当に大変なんだなあと改めて思いました。その方の眼差しがずっと忘れられなくて、その日はよく眠れなかったです。（一二頁）

「分断」「孤立」とともに、未来を奪われているということが被災者を苦しめている。そんな被災者の気持ちがよく理解できるのは、放射性物質による被災の大きい地域に位置する寺院の住職・副住職として、自ら苦しんできた経験が作用しているに違いない。

六　子どもたちの被ばくへの配慮

久間泰弘氏は『ぴっぱら』誌、二〇一四年五―六月号に「原発事故を子どもと共に生きて行く――福島の子どもは、いま」という文章を寄せている。『ぴっぱら』誌は、青少年を対象とした超宗派的な仏教宣布団体である全国青少年教化協議会（全青協）の機関誌である。伝統仏教の大多数の団体が加わっている。この『ぴっぱら』誌の文章で、久間氏は幼稚園児である自らの子どもと、長期にわたって別居して過ごさざるをえなかった日々を振り返っている。

原発事故から約二ヶ月が経過した二〇一一年五月二日。私と妻は、当時もいまも明確な解答が出ないままですが、何回も話をしては黙り込み、話をしては暗澹たる気持ちになる中、家族を盛岡へ避難させることに決めました。私と寺に残ることになる両親は、この決断に、特に何も言葉を差し挟まなかったように記憶しています。
こうした決断に至るのは決して簡単なことではありませんでした。毎日、大人は娘に向かって「なるべく外に出ないで！」「マスクしなさい！」などと声をかけます。子どもは外で遊ぶのが〝当たり前〟なのに。娘はある日突然に訳も分からず、いままで良かったこと、いままで当たり前と思っていたことができなくなってしまいました。（四頁）
その頃、お寺周辺の空間線量は毎時〇・五マイクロシーベルトだった。健康影響を懸念せざるをえない状況なので、親も放射能の影響を心配して子どもについ大きな声を出してしまう。親も子も悪循環で疲弊していく様子を見て、次のように考えたという。

七　避難生活の辛さ難しさ

今まで、祖父母、父母と一緒に楽しく暮らしてきた娘を、母娘で知らない、しかも決して近くない土地（福島→盛岡）に避難させ、家族と別れて暮らすことによって、娘自身に精神的不安定さが出てくることは避けられないだろう。でもこのまま、娘の精神的ケアを第一に考えて一緒に暮らし続け、放射線被ばくの影響が彼女の身体に出てしまったら一生取り返しがつかない。

彼女は私たち家族の娘でもあるが、それ以前にその命と生活を尊重されるべき〝一個の人格〟である。その人生を一人で生きて行くわけではなく、大勢の方とのご縁を結びながら成長してくもの。今後、彼女が精神的不安を抱えながら成長していくことになったとしても、尊いご縁の中で生きていくことがで

きる。親としては、まず彼女の身体的ケアを第一に考えての決断でした。（五頁）

避難の前日の夜、詩人でもある久間氏の母上（久間カズコ氏。平成二三年度の福島県文学賞を受賞している）は、二人の孫が原発事故によって離れ離れになってしまうことが悔しくて、家族が寝静まった後、湯に浸りながら大声を出して泣いたという。翌日、寺のご本尊さまに家族全員でご挨拶し、「愛弓ちゃん（娘）のこと忘れないよー！」という従兄弟の声を後に、家族は盛岡へと旅立った。その従兄弟もしばらく後、山形県に疎開した。

その日、私と妻、そして娘の三人は、盛岡の避難先に到着してすぐに荷物を搬入し、役所に転居の各種申請をしに向いました。妻がその申請をしている最中に、私と娘は、市役所裏の中津川の川辺で、これから当分持つことができない二人きりの時間を過ごしていました。娘は、次の日に私が福島に帰ることを知らずに。しかし、いつか自分を置いて帰るのだろうと薄々感づいていたのか、「パパはいつまで一緒にいるの？」と何度も何度も、私に向かって訊き返していました。

私自身、この震災と原発事故を経験した中で、家族についての話題を思い出し一番辛くなるのが、この時の娘の表情です。（六頁）

その後、愛弓ちゃんにトラウマ後的な反応が現われるようになった。「暗所を極度に怖がるようになったこと、地震（余震）で身体が硬直すること、トイレに一人で行けなくなったこと。また理由もなく急に怒り出したり、物に当たったり、集中力が散漫になったり。」母親には何かにつけ抵抗するようにもなった。愛弓ちゃんは幼稚園を卒業し、二〇一三年には伊達市から一時間の宮城県柴田町に転居した。二〇一二年に誕生した長男も含めて四人家族の暮らしが戻った。だが、「娘の精神的不安は無くなっていません」と久間氏は記している。

八　放射能が生み出す分断と対立

久間氏は自分の家族のように移転したくても移転できない家族のことを思いやっている。こうした方々の不安と憤りは当然ながら、時に私たちのような家族を県外に避難させている者に対しても、「あなたたちは良いね」「自分たちだけ避難できれば良いのか」などという言葉が出てきます。決して前向きでない、その言葉を発しなければならない気持ちが痛いほど分かるからこそ、それを引き受ける私たちは、余計に傷つくことがあるのです。（七—八頁）

このように同じ被害者でありながら、どの道を選ぶか、どのような支援を受けるか、またよりよい対処法を取りうるかどうかなどの違いから対立が生じてしまう。このため、放射線の影響で環境との関わりが変わってしまうことに加えて、人々の間に多くの壁ができてしまうことによる困難が人びとを苦しめる。

震災と原発事故から三年が経過しました。しかし、被災地福島にはまだまだ多くの問題が横たわっています。国や東京電力からの金銭での賠償問題によって、地域の分断や感情の亀裂が発生しています。「避難／残留（帰郷）」「避難可能／不可能」「有補償／無補償」「外で遊ばせる／遊ばせない」「地元の産物を食べる／食べない」などの、家族間における認識差と軋轢が生じています。

久間氏は触れていないが、「家族間」だけでなく「家族内」においても、この亀裂を強く意識せざるをえない場合が少なくない。

さらに、子どもたちは原発事故後、外部被ばく防護のために野外活動の制限と限定的空間での生活を強いられ、食物摂取による内部被ばくの恐怖に苦しんできました。その結果として、体力低下とストレス増加が継続的な問題となっています。

また、いわゆる自主（母子）避難の影響は、二重生活による経済的負担、ストレスによる虐待の増加、離婚問題、県外避難者と県内に残留した人との溝などとなって私たちを苦しめているのです。

私たちが忘れてはならないのは、社会的ストレスによって最終的に影響を受けるのは、いつも子どもだということです。（八頁）

そして、久間氏は読者に強く訴えている。「子どもたちは不安なのです、悲しいのです。そして苦しいのです。今までの当たり前の生活を返してほしいのです。」「どうか、福島のことを、子どもたちのことを忘れないで下さい。」

九　苦難を通して培われた深み

二〇一四年七月二四日、久間氏は豊橋市で開かれた豊橋仏教奉賛会主催の「暁天講座」で「いのちの声に耳を澄ます――東日本大震災でのボランティア活動を通して」という講演を行っている。真宗高田派のある僧侶のブログ（http://shotaiji.blog.so-net.ne.jp/index/3）によってその内容を紹介しよう。この講演で久間氏は「慈悲の心」を心がけながら、それを実践するのがいかに難しいものであるかについて語った。

あるときこんな出来事がありました。／久間さんら曹洞宗青年らによるボランティアが避難所へとやってきました。当時は学校の体育館などが多かったそうです。／すると早速ひとりの女の子がやってきました。歳は四、五才。絵本を何冊か差し出して「読んで」という。／久間さんはその絵本を丁寧に読み聞かせしたそうです。するとその子は体育館隅の本棚へ駆けて行きまた五冊ほどの絵本を持ってきて読んでとせがむ。久間さんがそれらも全部読み終えると女の子はまた次の本をといって何冊か持ってくる、その中には既に読んであげたものも交じっていた。

久間さんはこの女の子に何かあるなと感じ、その日はこの女の子にとことん付き合おうと腹を決め、持ってくる本、持ってくる本読んであげたそうです。／やがて予定の二時間半が過ぎ、他のボランティアさん達が片づけを始めると、その女の子も察したのでしょう。最後に久間さんにこうひとことつぶやくように言ったそうです。

「おかあさん……帰ってこないんだ……」

これを聞いて久間さんは驚くと共に、この二時間半の間ずっとこの子のために読み聞かせをやって良かったとほっとすると共に、もし途中で投げ出したりしてしまっていたらと思うとぞっとしたそうです。／この子は一時も母親のことを思い、待ち続ける淋しさを打ち明けられる人もなく、ずっと胸の内にしまいこんでいたのでしょう。本当に甘えられる人なのか、女の子なりにその人の器を量っていたのでしょう。

繰り返し繰り返し自分の思いを聞いてくれる人なのか、長い時間を通してようやく女の子は久間さんに心を開き、ようやくこの一言を発することができたのでしょう。／いつでも辛さや苦しさは弱者である子どもの上にしわ寄せされるものです。

被災者への久間氏の支援活動は、自らの苦難を通して養われた洞察と仏教の慈悲の教えによって支えられた深みがある。そして、そうした経験は宗派を超えて広く仏教徒に、また市民に伝えられ、人々の力ともなっている。そして、地域社会で被災者の生活経験に即した寺院活動を行ってきたことが、こうした宗教者ならではの公共的働きの背後にある。

〈参考文献〉
川崎陽子「福島県伊達市の住職、久間泰弘さんに聞く　被災地でのいのちの声に耳を澄ます」（『Actio』二〇一四年六月号）
久間泰弘「原発事故を子どもと共に生きて行く——福島の子どもは、いま」（『ぴっぱら』二〇一四年五—六月号）
島薗　進「宗教者と被災者——寄り添い型の支援活動の広がり」（似田貝香門・吉原直樹編『震災と市民2　支援とケア』東京大学出版会、二〇一五年）

第三部　今後への提言——宗援連の経験から

第一章　来るべき災害への備え

稲場圭信

一　はじめに

東日本大震災で本殿や拝殿などが全半壊した神社は三〇〇社を超え、本堂が全半壊した寺院は四〇〇ヶ寺を超えた。一方で、緊急避難所として被災者を救った宗教施設も一〇〇ほどあった（稲場圭信・黒崎浩行編『震災復興と宗教』）。避難所指定されていない寺社教会等の宗教施設に住民が多数避難したのである。指定避難所となっていた小学校の体育館は板張りで避難生活には身体的負担がかかる。一方、寺院には畳があってよかったという声も聞いた。

被災地で宗教は地域資源として一定の力（「資源力」、「人的力」、「宗教力」）を発揮した。そして、東日本大震災を機に被災者支援をする宗教者の中から立ち上がってきた臨床宗教師の取り組みは、大災害だけでなく、ターミナルケア、ホスピスの現場にも拡大している。

今、日常の取り組みと防災をつなげて、日頃からのさまざまな連携をはかり、備えをしておくことが必要であるという認識が日本社会に広がってきている。では、宗教者、宗教施設はどう備えたらよいのか。

二　自治体との災害時協力と協定

東日本大震災を教訓に大地震などに備えた宗教施設、宗教団体と行政との災害協定・協力も生まれている。群馬県高崎市の仁叟寺は、東日本大震災後、寺の本堂の耐震工事をし、二〇一二年六月に避難所指定の相談を高崎市に打診し、その後、区長や地域の人たちの協力のもと避難所指定願いを市役所に提出して、二〇一三年五月に指定避難所として認定された。企業から非常用大型発電装置の寄贈を受けたりして防災設備を拡充するとともに、地域での防災訓練を実施したりするなど、寺院が地域防災の要の一つとなっている。京都市は、二〇一三年一一月、災害発生時に多くの観光客が帰宅困難になることを想定し、市内の清水寺、東本願寺などの寺院を一時的な避難場所や滞在場所として提供する協定を締結した。奈良県斑鳩町も二〇一三年一二月に法隆寺と、境内を避難所とする協定を締結している。

本書の二部で紹介した全国の自治体と宗教施設の災害時協力の調査では、宗教施設と災害協定を結んでいる自治体は九五（三九九宗教施設、うち指定避難所は二七二宗教施設）、協定を結ばずに協力関係がある自治体は二〇八（二〇〇二宗教施設、うち指定避難所は一八三一宗教施設）あることがわかった。

災害協定の内容は、避難場所としての施設の提供、応援機関等の活動拠点としての施設の提供、津波発生時において緊急避難場所としての使用、災害時に公設の避難所が開設するまでの一時的な収容施設としての活用、災害時に帰宅困難者の一時滞在施設としての使用、遺体安置所としての使用、備蓄品の相互援助を目的とした大規模災害相互物資援助協定など、その地域と施設の事情に合わせて、多様な内容となっている。

首都直下型巨大地震に備えて、東京都は、積極的に宗教施設に協力要請し、協定の締結に動いている。東京都台東区は浅草寺を帰宅困難者の受け入れ先とし、区の負担で発電機などを設置している。都内の寺院の防災の意識の高まりもある。東京都仏教連合会が、二〇一四年に都内の仏教寺院に対して実施した調査では(二五三八寺院に調査票を発送し、一一三七寺院が回答(回収率四五パーセント))、大地震発生時に「帰宅困難者」の一時受け入れを考えている四〇六ヶ寺、災害に備えて備蓄をしている四四〇ヶ寺、自治体と災害時協力に関する協定を結んでいる三九ヶ寺、協定なしに自治体と協力関係がある一六五ヶ寺であった。

三　災害にそなえて備蓄

二〇一三年五月二八日、「南海トラフ巨大地震」対策の有識者会議は、南海トラフ巨大地震では、最悪の場合、全国で九五〇万人の避難者が出ると試算、現在の避難所では避難者全員を受け入れられないとし、自力での備蓄の必要性を訴えた。今回の東日本大震災の被災地では、行政の支援が入るまでに四日以上かかったところが多数存在した。一週間以上も支援物資が届かなかった地域もある。それを踏まえて、有識者会議は、各自一週間分の備蓄を提唱している。個人宅でも、一つの指定避難所でも、一人当たり一週間分の備蓄はたいへん困難である。そこで、個人宅では米など日常的に食べるものを多めにストックして、消費したら追加購入するローリングストックをしつつ、地域での共同備蓄が必要となる。

災害時の救助米や食糧備蓄は、江戸時代には、幕府や領主による御救米、民間による合力米(施行米)があった。被災者の救助のために幕府が建てた御救小屋もあった。そして、災害に備えた食糧の備蓄は、大化の改新で導入された義倉にまでさかのぼる。

時代ごとに、さまざまな連携をして日本社会は災害への備えをしてきた。そこには個人だけでなく、地域での支え合いの考え方がある。個人ではなく、地域で防災を考え、備蓄をすることは、地域コミュニティのつながりを作り出すことにもなる。

同じ地域の避難所及び宗教施設で、水・食料の備蓄品の消費期限を数ヶ月ごとにずらして設定し、消費期限が近づいたらフードバンクなどへ寄付する、あるいは、地域で防災を考えるイベントを開催し、皆で食べる。そして、また新しい備蓄品を購入するといったサイクルを地域で構築することが肝要だ。その連携のプラットフォームにも前述（一六五頁）の未来共生災害救援マップは使用できる。大災害が起きれば、連携して水や食料の融通をし、また外部からの救援者は未来共生災害救援マップのデータをもとに、食糧と避難者の数や救援活動の拠点情報を把握し、連携しながら救援活動を行うといった使い方ができる。その際、全国にある寺社・教会・宗教施設は、自治体にとってパートナーとして頼もしい存在である。

四　「防災と宗教」行動指針

災害時における宗教者・宗教団体の取り組みを検証し、今後の災害対応における課題について話し合うことを目的として、第三回国連防災世界会議パブリック・フォーラム「防災と宗教」シンポジウムが、二〇一五年三月一六日、仙台市で開催された（第三部第二章参照）。「防災と宗教」シンポジウムでは、宗教者による防災の取り組み、災害時の緊急対応、復旧・復興期の役割、行政との連携、社会との開かれた関係の構築などをうたった「防災と宗教」提言文が採択された。その「防災と宗教」シンポジウムを主催した、世界宗教者平和会議（WCRP）日本委員会、宗教者災害支援連絡会（宗援連）、宮城県宗教法人連絡協議会（宗法連）の三団体で、「防災と宗教」行動指針・策定委員会を組織し、「防災と宗教」提言文をもとに、宗教者が自らの使命の一つとして「防災」を位置づけるとともに、生命を守る取り組みにおいて連携する一般の市民団体、行政、さまざまな社会的セクターに向けて発信していく「防災と宗教」クレド（行動指針）を策定した。

「防災と宗教」クレド（行動指針）

一、災害について学ぶ
宗教者・宗教施設は、防災減災について共に学べる場を提供します。

二、災害に備える
宗教者・宗教施設は、災害時に向けて共に生きるための備えをします。

三、災害時に支える
宗教者・宗教施設は、災害時に分け隔てなく共に命《いのち》を支え合います。

四、災害復興に歩む
宗教者・宗教施設は、共に身も心も災害復興に歩みます。

五、連携の輪を広げる
宗教者・宗教施設は、民間機関・行政と共に連携の輪を広げます。

二〇一六年三月一一日「防災と宗教」行動指針・策定委員会

以下の補足説明は、具体的な行動や事例を示し、行動指針の意図を理解していただくものである。行動指針を基本として、「できることは何か」という内部基準を各宗教施設で考えていく出発点にしていただきたい。

一、**災害について学ぶ**

宗教者・宗教施設は、防災減災について共に学べる場を提供します。

例えば、地元の自然災害についての伝承の場を設けたり、防災意識を高める研修会を開催したりします。

二、**災害に備える**

宗教者・宗教施設は、災害時に向けて共に生きるための備えをします。

例えば、宗教施設に非常用備蓄品を保管し、地域的特徴と施設の条件に基づいた防災訓練などの取り組みを行います。

三、**災害時に支える**

宗教者・宗教施設は、災害時に分け隔てなく共に命《いのち》を支え合います。

例えば、被災者のために、宗教施設を避難所や救援活動の拠点として可能な限り開放するとともに、炊き出し、物資の仕分け、瓦礫撤去、寄り添いなどの救援・支援活動を地域の人たちと共に行います。

四、**災害復興に歩む**

宗教者・宗教施設は、共に身も心も災害復興に歩みます。

例えば、宗教者は、被災者の信教の自由を尊重しつつ、寄り添い、傾聴、見守りなど、精神面のサポートを継続します。支援者あるいは被災者の一人として、自らの身心の健康にも留意しながら、自分たちができる範囲で取り組みます。

五、連携の輪を広げる

宗教者・宗教施設は、民間機関・行政と共に連携の輪を広げます。

例えば、宗教界、地域の学校、町内会、社会福祉協議会、NPOなどの民間機関、そして行政とも連携し、対応をします。

この「防災と宗教」クレドは、二〇一六年五月にイスタンブールで開催される世界人道サミットで世界に発信され、日本国内では取り組みの輪を広げる計画である。

五　おわりに

市町村による地域防災に加えて、地域住民が取り組む地区防災の動きでも、宗教施設との連携の動きは広がっていくだろう。地域住民の要望により、宗教施設が避難所指定されている実態がある。自治会から、寺院、神社と災害時協力を結びたいという相談も寄せられている。

しかし、課題も多い。自治体と協力関係はあるが、宗教施設の建物が古く、耐震の基準を満たしていないため、災害協定を締結できない宗教施設もある。今後、宗教施設の耐震化も大きな課題である。

東日本大震災では、多くの寺社教会等の宗教施設が緊急避難所や救援活動拠点となった一方で、緊急避難所となった寺社教会等の宗教施設に行政の支援物資の配布が遅延する事態も起きた。宗教施設が災害協定を締結することにメリットはあるのかと疑問視する声もあるが、災害協定を結び、いざという時の連携のあり方を決めておくのも大切なことだ。また、地域社会により関わった宗教施設のあり方、開かれた新たな関係性が生まれるのではないか。それも大きなメリットであろう。

一方で、宗教施設としての目的がある。宗教施設には、聖なるもの、また、文化財もある。その点も踏まえ、協定書に境内や駐車場などの開放する場所を明記した上で、檀信徒との事前の取り決めで、庫裡や重要文化財のあるスペースは立ち入り禁止とし、本堂等は部分的に開放するのも一案。宗教施設が避難所や仮遺体安置所となった際には、自治体がその費用を弁済する場合もある。市町村、宗教施設の置かれている状況によって協定の内容は異なる。

檀信徒、地域住民と相談し、災害時の取り組みを決めて、協定の内容を検討してから、自治体との手続きを進めることが大切である。宗教者、施設管理者がすべてをすることはできない。管理者が不在で、家族だけの時に大災害が発生することも想定し、地域の避難者が、緊急避難所の運営をサポートできる体制を整えておくことも一つの方法だ。災害時には、避難者、自主防災組織等の地域住民、市町村、ボランティアと連携しながら運営する。

協定が結ばれたとしても、それだけでは機能しない。東日本大震災の被災地で緊急避難所、活動拠点として機能した宗教施設の多くが、日頃から地域社会に開かれた存在だった。祭り、年中行事などに加え、宗教者が、平常時から自治体、自治会、社会福祉協議会、ＮＰＯ、ボーイスカウト等と連携しているところは災害時に力を発揮した。平常時の取り組みが大切である。

それぞれに宗教施設は備蓄をしている。しかし、すでに述べたように、一施設だけの備蓄・防災ではなく、地域としての取り組み、連携につなげていくことが肝要である。そのためにも、宗教者が、日頃から行政や地域の自治会とも交流を持ちながら、地域コミュニティづくりを行う必要がある。しかし、これは何も新しい取り組みではない。そもそも宗教は、すでにそのような関係性を地域社会の中、社会の中で持っていた。人の移動性の高い社会、人間関係が希薄化する社会で、宗教が防災・災害救援でいかに自治体や地域社会と連携が取れるのか。これは何も宗教だけの問題ではない。社会全体の取り組みである。

〈参考〉

大災害への備え：未来共生災害救援マップ（略称：災救マップ）
http://www.respect.osaka-u.ac.jp/map/
全国の指定避難所及び寺社教会等宗教施設を集約したマップ

「寺院備災ガイドブック」 申込先：BNNホームページ（http://www.bnn.ne.jp）
発行：BNN（仏教NGOネットワーク）、協力：（公財）全日本仏教会（公財）仏教伝道協会（公社）全日本仏教婦人連盟。頒価：五〇〇円／一冊（送料込）、体裁：A4版カラー・六〇頁
東日本大震災で被災し、また避難所となった寺院からの意見をまとめて作成。避難所運営のマニュアルや、備災知識、緊急医療処置方法、避難者名簿や備品チェックリストも掲載。

避難所運営 『避難所運営マニュアル作成指針』（二〇一五年四月、大阪府）参照。
避難所で提供する生活支援の主な内容
（1）安全・生活等（安全の確保、食料・水・生活必需品等の提供、生活場所の提供）
（2）保健、医療、衛生（健康の確保、衛生的環境の提供）
（3）情報、コミュニティ（情報の提供・交換・収集、コミュニティの維持・形成）
・耐震性、耐火性の確保に加え、天井等の非構造部材の耐震対策を図る。

・飲料水の他に、トイレや避難所の清掃、洗濯、機材の洗浄などの用途に欠かせない生活用水の確保。タンク、貯水槽、井戸等の整備に努めることが望ましい。
・食料として、乾パン、アルファ化米、ビスケット、缶詰、かゆ、栄養補助食品等の備蓄。
・非常用発電機の設置を始め、再生可能エネルギーの活用を含めた災害時の電源確保に努める。また、マッチ・使い捨てライター・LPガス・固形燃料等の燃料を確保しておくことが望ましい。
・災害発生直後の混乱を考慮した場合、最低限の食料、水、生活必需品等を備蓄することが望ましい。
・生活必需品等として、毛布、タオル、肌着類、鍋・釜類等、懐中電灯、乾電池、ビニールシート、カイロ、清拭剤、マスク、手指消毒液、簡易トイレなどを備えておく必要がある。
・避難所の管理・運営や被災者の情報収集・伝達のため、ラジオ、テレビ、電話、FAX、パソコン等を設置しておくことが望ましい。

避難所運営組織の育成

・日頃から、自主防災組織等の地域住民、ボランティア団体等の協力を得て、避難所運営組織を編成、「避難所運営マニュアル」を作成。青年に「防災士」(http://bousaisi.jp/)の資格費用補助。

避難所の開設期間

・指定避難所は、一般的には災害救助法に定める七日間が基本だが、施設の事情に合わせて、帰宅困難者対策も含めた一時避難所など可能な範囲での対応を決めておくのが望ましい。
・大規模災害にあっては、被害の状況や住宅の修理状況及び仮設住宅の建設状況等も勘案しなければならないことから、行政と連携しながら対応する。

『避難所運営マニュアル作成指針』(災対法改正等に伴う追補改訂版、大阪府、二〇一五年四月)

第二章　防災と宗教——第三回国連防災世界会議における宗教

稲場圭信・黒崎浩行

一　はじめに

二〇一五年三月一四日から一八日まで、第三回国連防災世界会議が仙台市内の一〇以上の会場で開催され、本体会議と市民によるパブリック・フォーラムが同時並行で行われた。宗教者災害支援連絡会も「防災と宗教」と題したシンポジウムの企画に関わった。本章では「防災と宗教」シンポジウムをはじめ国連防災世界会議における宗教者及び宗教組織による取り組みを紹介する。

二　国連防災世界会議

国連防災世界会議は、国連主催で国際的な防災戦略について議論する会議で、一九九四年の第一回会議（横浜）、二〇〇五年の第二回会議（神戸）に続き、第三回会議も日本で開催された。災害大国の日本は、世界における防災・減災の先進国でもあり、その点が考慮されて、日本での連続開催となっている。

第三回国連防災世界会議の本体会議には、一八七の国連加盟国が参加した。元首七ヶ国、首相五ヶ国（含日本）、副大統領級六ヶ国、副首相七ヶ国、閣僚級八四ヶ国を含め、六五〇〇人以上が参加し、パブリック・フォーラムを含めると国内外からのべ一五万人以上の参加者という、日本で開催された史上最大級の国連関係の国際会議となった（外務省HPより）。

パブリック・フォーラムは、政府機関、地方自治体、NPO、NGO、大学、地域団体など、国内外の多様な主体による防災や減災、復興に関する取り組みを一般公開により広く発信する場である。会議期間中、約三五〇のシンポジウムやセミナー、二〇〇以上の展示（宗教系の団体は、Act Alliance、Islamic Relief、カリタス、真如苑救援ボランティアSeRV、世界宗教者平和会議（WCRP）日本委員会の五ブース）、一〇〇以上のポスター展示等が行われた。

三　宗教関係のシンポジウム

期間中、パブリック・フォーラムにおいて、宗教者や宗教団体によるシンポジウムやセミナーが複数開催された。一四日には「東北・青年復興フォーラム」と題して、創価学会東北青年平和会議が主催で、防災・復興に取り組む青年の活動報告とパネルディスカッションが行われた。一五日には、「宗教理念に基づいた視点からの地域密着型防災」と題して、キリスト教系の団体Act Allianceが主催で、防災における宗教組織の活動について情報発信した。一七日には、東北大学実践宗教学寄附講座は、「震災と宗教者の役割」と題したシンポジウムを開催した。東日本大震災における犠牲者の弔い、慰霊祭、被災者を対象とする傾聴活動といった宗教者の活動を踏まえて、公共空間において超宗派超宗教的に宗教的ケアを行うことができる

「臨床宗教師」の役割についての議論があった。

また、宗教者、宗教団体ではないが、仙台地域葬儀会館連絡協議会が主催で「東日本大震災の経験と教訓——災害時の「弔い」の尊厳を如何に保つか」と題したセミナーがあり、棺をはじめ死者を弔うに必要な物資の備え、大災害時における遺体の早期収容と「弔い」のスキームの重要性を提起した。

その他、宗教に直接関係したものではないが、東北大学大学院生命科学研究科生態適応センターによるフォーラム「沿岸生態系を活用した防災と減災——Eco-DRRの主流化と課題」では、世界的に認識が進みつつある「生態系を基盤とした防災・減災」の考え方・取り組みと、それが日本の復興事業で採用されない現状のシステム要因、仙台市蒲生地区での高校生による沿岸復旧の代替案提出や気仙沼市本吉町での「子ども小泉学」といった実践事例が紹介、議論された。沿岸部の神社・寺院の立地や、生態系と相互作用する生業と信仰との関わりを考慮するならば、地域住民の主体的合意形成の資源としての宗教の役割を期待することができよう。

一六日は、筆者らも実行委員として関わった「防災と宗教」シンポジウムが開催された。このようにパブリック・フォーラムでは複数の宗教関連のシンポジウムが開催されたが、本体会議のセッションでは、宗教団体、組織による報告はなかった。しかし、コミュニティの基盤としての宗教の重要性は認識されているようであった。それは次に言及する仙台防災枠組にも言及されている。

四　「仙台防災枠組 2015-2030」

会議最終日の一八日、本体会議において、今後の国際的防災の行動指針をまとめた「仙台防災枠組 2015-

2030（Sendai Framework for Disaster Risk Reduction 2015-2030）」を採択して第三回国連防災世界会議は閉幕した。仙台防災枠組の要点は、以下の通りである。

「前文」は、一九九四年の第二回国連防災世界会議以降、防災の取り組みは進んだが、災害による人的被害、経済、社会、健康、文化、環境面での被害は増大し、持続可能な開発を阻害しているとし、災害リスクを減らすために、災害への備えの向上と国際協力に支持される「よりよい復興（Build Back Better）」が必要と強調した。

「期待される成果と目標」では、「人命・暮らし・健康と、個人・企業・コミュニティ・国の経済的、物理的、社会的、文化的、環境的資産に対する災害リスク及び損失の大幅な削減」を目指すとしている。

「指導原則」として、人とその資産、健康・暮らし、人権の尊重、社会全体の関与と連携、女性と若者のリーダーシップ促進、事前の防災投資、「よりよい復興」による災害後の復旧・復興、途上国への財政支援、技術移転、能力構築を通じた支援などが挙げられた。

そして、「優先行動」の優先事項三「強靭化に向けた防災への投資」の「国・地方レベル」における取り組みとして、宗教への言及がなされた。すなわち、「文化施設や収集施設（博物館、図書館、公文書館など）、さらには、歴史・文化遺産や宗教的畏敬の遺跡・場を保護する、またはその保護の取り組みを支援する（稲場圭信訳）」と宗教についての言及があったのである。防災枠組に宗教が重要であるということが認められたのだ。

今後は、保護される対象としてだけでなく、より積極的に「ステークホルダー（防災関係者）としての役割」に宗教者も含まれるという認識を広げることが重要であろう。

五　「防災と宗教」シンポジウム

災害時における宗教者・宗教団体の取り組みを検証し、その意義や役割、そして市民、行政等との連携について考え、今後の災害対応における宗教者や宗教団体の可能性や課題について話し合うものとして「防災と宗教」シンポジウムが企画された。主催は、世界宗教者平和会議（ＷＣＲＰ）日本委員会、宗教者災害支援連絡会（宗援連）、宮城県宗教法人連絡協議会（宗法連）の三団体で構成する「防災と宗教」シンポジウム実行委員会である。ＷＣＲＰ仙台事務所の篠原祥哲氏を中心に、二〇一四年春から準備を進めた。筆者らも宗援連の担当として関わり、二〇一四年九月、ＷＣＲＰ、宗援連、宗法連で実行委員会を組織して、パブリック・フォーラムに申し込むことを決定し、「防災と宗教」シンポジウム実行委員会として国連に申請、一〇月三一日に国連より採択された。

東京、仙台、気仙沼で会議を重ね、二〇一四年一二月二二日、仙台市青葉区の宮城県神社庁で、ＷＣＲＰ日本委員会の杉谷義純理事長（天台宗宗機顧問）も臨席して第一回実行委員会が開催された。そこで、国連防災世界会議を機縁とし、改めて広く国内外の市民と共に「防災」を宗教の観点から考え、学び合い、「防災」について新たな視座を提起することが決まり、具体的な内容の調整が行われた。

そして、三月一六日、ＴＫＰガーデンシティ仙台において「防災と宗教――防災を宗教の視点から考える」シンポジウムが開催された。庭野日鑛氏（公益財団法人世界宗教者平和会議（ＷＣＲＰ）日本委員会会長）の開会あいさつ、来賓としてジャミラ・マウモッド氏（世界人道サミット事務局長）と保積秀胤氏（日本宗教連盟理事長）のあいさつの後、東日本大震災における宗教者の経験として、小田道雄氏（新山神社宮司・石巻市雄勝町）が震災の体験を、金田諦應氏（通大寺住職）、松山宏佑氏（昌林寺住職）、三浦正恵氏（玄松院副住職）の三人は「心の相談室」の取り組みを、シャンティ国際ボランティア会の古賀東彦氏は移動図書館による被災者支援を報告した。

次に、「災害における宗教者の可能性」と題した稲場圭信の基調発題では、前半の東日本大震災における宗教者の経験の報告を受けて、東日本大震災における宗教者および宗教団体の果たした役割をまとめた。すなわち、被災地での宗教の力として、①資源力：場の力（畳、広い空間）・物の力（食糧・水）、②人的力（マンパワー）③宗教力：祈り、心の支えを与える三点とし、また、宗教者による救援・支援活動としては、避難者・帰宅困難者の受け入れ、対策本部、救援物資、炊き出し、瓦礫撤去、片付け、足湯、読経、追悼、除染ボランティア、保養プログラム、傾聴ボランティア（心のケア）などを挙げた。そして、今後の災害に向けての備えとして、宗教施設と自治体の災害時協力について発題した。

続いて行われたパネルディスカッションでは、宗援連の島薗進代表がコーディネーターを務めた。中村瑞貴氏（仙台市、愚鈍院住職）が、心のよりどころとなる宗教者が存在することが避難場所としての宗教施設の特徴と強調し、「被災者と支援者、行政と地域を結び付ける役割を宗教施設は果たせる」と寺院の機能にも言及した。そして、西出勇志氏（共同通信社長崎支局支局長）がメディアの視点から、ディン・シャムスディーン氏（インドネシアのイスラーム組織・ムハマディア会長）が二〇〇四年のスマトラ沖地震の経験から、ピエール・アンドレ・ドマス氏（WCRPハイチ委員会委員長、カリタスハイチ会長、司教）が二〇一〇年のハイチ大地震の経験から、それぞれ、災害救援・復興における宗教者の役割の重要性を訴えた。

シンポジウムの最後には、宗教者による防災の取り組み、災害時の緊急対応、復旧・復興期の役割、行政との連携、社会との開かれた関係の構築などをうたった提言文を発表し、国連防災世界会議本会議に提出することになった。千葉博男氏（宮城県宗教法人連絡協議会会長）による閉会のあいさつ、平和の祈り（黙祷）でシンポジウムは閉会した。

シンポジウムには宗教者を初め、学者、NGO・NPO関係者ら約四〇〇名が参加し、立ち見も出た。NHK東北やラジオ日本で当日の様子が紹介されるとともに新聞各紙に記事となるなど高い関心が窺われた。

〈付記〉

本章は、以下に加筆修正したものである。

稲場圭信・黒崎浩行「国際会議報告——第三回国連防災世界会議における宗教」（『宗教と社会貢献』第五巻第二号、二〇一五年一〇月）、七三—九四頁。(http://ir.library.osaka-u.ac.jp/dspace/bitstream/11094/ 53823/1/rsc0502-06inaba.pdf)

「防災と宗教」シンポジウム提言文も上記に収録されている。この提言文をもとに「防災と宗教」行動指針が策定された（第三部第四章参照）。

第三章　宗教者と研究者の新たな連携——東日本大震災支援活動が拓いた地平

島薗　進

一　はじめに

「宗教者と研究者の連携」というとき、宗教研究者の関与が注目されがちだが、さまざまな分野の科学者・学者の関与も重要である。宗教研究者はさまざまな分野の学者、例えば、哲学者・倫理学者、医学者・医師、法学者・法律家、社会学者、文化人類学者などとともに学術コミュニティに属している。「宗教者と研究者の連携」はさまざまな分野の「研究者」に関わることである。「宗教者」から比較的遠い分野の「研究者」に対して、宗教研究者は「宗教者と研究者」の媒介役を果たそうとすることもある。

だが、ときに「研究者」自身が宗教に深い関心を持ち、「宗教者」の方に近づいていくこともある。他分野の研究者があたかも宗教研究者のごとき位置取りをするようになるわけである。東日本大震災後には、そのような研究者の存在が目立った。宗教研究者については、筆者はすでに「宗教者と研究者の連携」という稿をまとめているので（稲場圭信・黒崎浩行編『震災復興と宗教』）、本章では、科学者である医師など宗教研究者以外の研究者の働きを通して新たな「宗教者と研究者の連携」が進んだことについて述べていきたい。

二　慰霊と追悼のエージェントとしての再認識

仏教者や仏教集団・仏教組織が、死者の慰霊と追悼のために欠くべからざるエージェントであることが再認識されたのは三・一一以後の特徴だろう。ふだん日本のマスメディアは宗教集団の宗教活動について報道することは少ない。あるとすれば、スキャンダルとしてか、観光資源として取り上げられるぐらいだ。ところが、東日本大震災後の報道では僧侶が慰霊・追悼のための読経をしたり、寺院で合同法要がなされる場面がしばしば取り上げられた。テレビで毎月一一日の法要、四十九日や百ヶ日の法要の場面を見ながら、視聴者が自ずから手を合わせるといった経験が珍しくなかった。大量の死者の慰霊・追悼は公的な意味を持つ。だから報道されるのだが、その際、仏教寺院や僧侶を隠すわけにはいかなかったのだ。

省みれば、死を強く意識することで民衆に浸透した日本仏教は、死者を偲ぶ文化と結びついて発展することになった。仏教寺院は葬祭を通して人々の生活と深い関わりを持ってきた。しかし、東日本大震災が襲うすぐ前の一年ほどの間、葬式の省略や簡易化がさかんに論じられた。確かに大都会では「仏事」「法事」が形式化し心の込もらぬものになる傾向が目立った。儀礼を通して「十分に悲しむ」こと、そのことによって「生きる力を育むこと」が難しくなってきているという議論が力を増していた。

ところが、東日本大震災後の人心は、仏教による葬儀や慰霊・追悼を欠くべからざるものと感じる方向へと動いたようだ。これは今も仏教寺院が地域社会に根差した存在感を持っている東北地方の状況が反映しているかもしれない。そこではなお、お寺が地域社会と強い絆を持っており、悲しみを力に変える場として今なお機能しているようだ。だが、仏教の伝統と慰霊・追悼とを切り離せないものとする考え方が全国的に力を増したのも確かだ。

三　身を寄せる場としての宗教施設

慰霊・追悼に限らず、東日本大震災は日本の社会で宗教が果たしてきた役割を再認識させてくれるものだった。伝統仏教の寺院はまず、地震や津波の、また放射能の被害から逃れる人々の身を寄せる場として大きな役割を果たした。例えば、石巻の曹洞宗寺院、洞源院は津波で甚大な被害を受けた地域に近い小高い丘の上に位置していたためもあって長期にわたって数百人が身を寄せていた。ふだんから寺院では檀信徒が参加する主婦の集い、子供の集いなどさまざまな活動が行われていたことも力になった（小野崎秀通住職による）。

約二〇〇〇人が死亡・行方不明となった気仙沼では、津波に襲われた鹿折《しし》小学校の校長はじめ教職員が児童八〇人を連れて学校を脱出し、近くの曹洞宗寺院、興福寺に逃れてきた。同寺ではそのまま自宅を失った児童を家族とともに受け入れることになった。四月末の時点で九世帯五〇人が共同生活をしていた。同地域の浄土宗浄念寺でも次々と駆け込んできた住民百数十人に本堂を開放し、四月末、なお八〇人が身を寄せていた（『仏教タイムス』二〇一一年四月二八日号）。陸前高田の浄土真宗寺院、正徳寺では一〇〇人ほどが避難生活を送り補習活動なども行われていた。仮設住宅への移動によって避難者すべてが去ったのは七月末のことだったという（正徳寺に縁がある千葉望氏による）。

仏教寺院が困った人々が身を寄せる場となるという機会は古くからあった。そもそも寺院はさまざまな人がともに時を過ごす場だから、災害のような緊急時に避難所として機能するのは自然なことだった。だが、宗教施設としての仏教寺院がそういう働きをなしうるということを、私たちは長い間気づかずにいたようだ。

四　さまざまな宗教者のさまざまな支援活動

では、被災地での支援活動はどうか。被災地支援活動で当初から目覚ましい活動をしてきたのは、すでに長期にわたって災害支援活動などを組織的に行ってきた団体である。曹洞宗がベースになっているシャンティ国際ボランティア会、天理教の災害救援ひのきしん隊、立正佼成会や真如苑の救援組織などは目覚ましい活動をしている。これらの救援組織は多くの実績を少数の熟達した人々によって担われていて、多数の信徒や市民が参加する活動にはなっていないこともある。

他方、伝統仏教教団の僧侶たち、とりわけ若手の僧侶たちによる活動が大いに注目された。被災者に対する物心両面にわたる支援活動で地域に根差した活動を続けてきている。もともと東北地方が伝統仏教に対する敬意の厚い地域だったという要因がプラスに作用した。また、ふだん各地域で行ってきた弱者支援の活動が育ってきていて、被災地での支援を含めた新たな活動形態へと展開したということもある。多様な仏教の小さなグループがさまざまな支援活動を行い、その成果が注目された。

それぞれの宗教集団がそれぞれに支援活動を行って成果をあげているのはそれはそれでよいことだが、宗教や宗派の壁を超えて協力の輪を広げていくことはできないものだろうか。そうすれば、日本社会において宗教が重要な位置を占めており、それにふさわしい災害支援活動や社会貢献活動を行っていることが、人々の目に見えやすくなるだろう。そして、それは宗教的精神が、日本社会で大事な役割を担っていることを示すことにもなるだろう。ここにおいて研究者が宗教者と連携して新たな役割を果たす可能性が開けてきた。

五　宗教・宗派を超えて

仙台では仏教、神道、キリスト教、新宗教の諸宗教団体が協力し、「心の相談室」という連合組織を立ち上げた。犠牲者の慰霊や心のケアにおいて、宗教・宗派を超えた活動を行うことによって被災者に歓迎された。僧侶が中心になって、被災者を訪問し、傾聴を行うカフェ・デ・モンクは中でも目立つ活動だった。また、宗教・宗派の違いを超えてスピリチュアルケアを行うために「臨床宗教師」を養成するプログラムが、宗教研究者の集まる東北大学を拠点にして始動することになった。

一方、東京では宗教界と宗教研究者の有志が語り合い、二〇一一年四月一日に「宗教者災害支援連絡会（宗援連）」を発足させた。仏教、神社神道、教派神道、キリスト教、新宗教など、日本の主要な宗教団体の連合体に呼びかけ、お互いに連絡を取り合って支援活動を充実させ、その情報を発信していこうというものだ。さまざまな宗教者の連合組織である世界宗教者平和会議（ＷＣＲＰ）日本委員会は、心の相談室と宗教者災害支援連絡会の双方と連携しつつ、活発な活動を続けてきている。

第二次世界大戦後の日本社会では、長く宗教の力の衰退が歎かれてきた。だが、東日本大震災の苦難とそれを受け止めようとする人々の心の動き、また苦難に向き合おうとする宗教集団の動きは、その傾向を変えていく徴候を示すものなのかもしれない。学界もメディアもそのような観測を伝える機会が増えている。それは死後の生という観念の回復を告げるものかどうかはわからない。だが、死と死者を強く意識しながら生きてゆくことが意義深いことだという考えが力を増してきていることは確かだろう。

六　「心の相談室」の新しさ

「心の相談室」は仙台で三・一一直後に立ち上がった連合体だ。宮城県宗教法人連絡協議会に属する団体の宗教者が斎場で合同で慰霊にあたったところから始まった。仙台で長く終末期の看取り、とりわけ在宅の緩和ケアにあたってきた岡部健医師を室長に、東北大学の宗教学研究室に事務局を置いて活動を始めた。宗教者、医療者、宗教学者、グリーフケアの専門家などの協力で活動を続けている。

「心の相談室」の活動は、市営斎場で行われる毎月の合同慰霊祭、宗教者による無料電話相談、宗教者が仮設住宅を回って開く傾聴喫茶カフェ・デ・モンク、ラジオ版カフェ・デ・モンクの放送など（『ラジオ「カフェ・デ・モンク」』）である。ラジオ版カフェ・デ・モンクは当初は岩手、宮城、福島の三県でFM放送されていたが、その後エフエム仙台のみとなり、二〇一四年春まで続いた。毎回、ゲストがインタビューに答えて語るもので、被災者や支援者の心に届くメッセージを届けようとしている。宗教者が多いが、学者や文化人も登場する。金田諦應住職ら「心の相談室」の人々がプランを立てて行ってきた。

「心の相談室」の活動の新しさは、何よりも宗教・宗派を超えて被災者のために協力するというところにある。宗教・宗派を超えるということは、「寄り添う」という姿勢と密接に関わりあっている。苦難を被っている人たちの求めるものにそって応答する。こちらからすでにある教えを伝えてわかってもらうというのではない。相手の気持ちに近づいて、それをできるだけ理解し、ともに感じ受け止めるようにするということだ。

七　岡部健医師の貢献

カフェ・デ・モンクが「心の相談室」の一環として行われてきたことはすでに述べたが、三・一一後の仙台に心の相談室がいち早く立ち上がったのにはいくつも理由があった。一つには、宮城県宗教法人連絡協議会という諸宗教・諸宗派の連携組織があったことだ。もう一つは、死の看取りに取り組む中で、宗教の役割を重んじるようになっていった故岡部健医師の働きだ。

二〇一二年九月二七日に亡くなった岡部医師は宗教者ではなく医師であり研究者だが、現代日本の宗教者の災害支援の新たな展開に大きく貢献した。一九五〇年生まれの岡部医師だが、二〇一〇年一月に胃がんが見つかり、やがて肝臓への転移がわかり、二年半余りで亡くなった。岡部医師のその最後の二年半の中ほどに東日本大震災が起こっている。そして、「臨床宗教師」構想に向けた岡部医師の最後の力がそこに注がれた。

幸い、二〇一二年一月から息を引き取るまで岡部医師へのインタビューを重ねた奥野修司氏による『看取り先生の遺言――がんで安らかな最期を迎えるために』（二〇一三年）が、岡部医師の歩みを本人の語りの言葉を通してまとめてくれている。岡部医師は死の看取りに携わる医師として、現代日本の宗教者に大きな期待を持った。死を間近にした人たちが、穏やかな安らぎとともに死んでいけるために宗教者こそが力になると信じ、そのことを社会に発信した。それだけではなく、その期待を具体的なかたちにすべく臨床宗教師の教育プログラムの実現に大いに貢献したのだった。

では、岡部医師はどのようにして、宗教者に大きな期待を抱き、宗教者を通して日本の医療現場を変えたいという願いを持つようになったのか。呼吸器系の外科医となり、とにかくがんと闘うことに情熱を傾けていた岡部医師だが、次第に患者から安らかに死を迎えるあり方の重要性を学ぶようになっていった。とりわけ在宅で最期を迎えることが、本人にとって、また周りの人々にとってどれほど望ましいことであるかを教えられる機会があった。

岡部医師は学び取ったことの核心をこう語っていた。「在宅医療というのは、私は文化運動だと思っている。最期まで在宅で過ごしてもらえるような条件をつくっても、最終的に家族や近親者が看取りを支えるのだから、看取りを支える文化基盤がなければ「つらさ」ばかりが残る。」

八　仏教と看取りの医療

東日本大震災で仏教者や寺院が大きな役割を果たすようになる背景には、仏教が看取りの医療に関わっていく動きがあった。それはまた、宗教側の支援を求める医療側の姿勢の変化とも関わっている。仙台の心の相談室やカフェ・デ・モンクの活動は、スピリチュアルケアを求める医療側の協力に支えられたものだった。

一九九七年、岡部健医師は呼吸器外科医として勤務していた宮城県立がんセンターを辞職し、在宅の看取りを専門とするクリニックを始める。すでに同センター在職中も入院期間の短縮に努めていた。検査や治療をやりすぎる現代医療のあり方に限界を感じていたからだ。

しかし、それにも限界を感じるようになった。がんセンター（大病院）と開業医が連携をとりながらがん患者の看取りをするというやり方は、今、広島や尾道がよく取り上げられる例だ。同じような試みは宮城県立がんセンターでも進めていた。だが、その場合、開業医の診療も往診より外来が主となる。医師が主体となると、「患者さんのニーズから」考えることを徹底できなくなるのだ。

家族に断らずに突然、がんセンターをやめたというのも岡部医師らしい。また、「貸家」の張り紙のある廃屋同然の元美容院を診療所にし、機械も購入しなかったという。設備に縛られると、望むところの本来の看取りの医療ができないと考えたからだ。患者の立場に立つのを徹底しようとして、そういうやり方になった。

九　在宅の看取りの重要性

もう一つは、「死」をテーマとした医療にこそ取り組もうという気持ちが高まっていったことだ。中でも二八歳で亡くなった女性を看取る経験が大きかった。医療だけでは世話をしきれない、地域の介護系の機関との協力が必要だということを痛感したことも大きかったが、死に向き合うこの女性の姿勢から学んだことも多かった。

この女性は致死的ながんを病んでいることを知らされると、すぐに「子供と一緒に過ごしたいから」と在宅を決意した。やがて病状が進み失明するようになると、その女性はこう語ったという。

先生、あたし、在宅で過ごせてほんとによかった。目が見えなくなっても、家にいたら下で子供たちが騒いでも、どの部屋で何をしてるか手に取るようにわかる。暗闇の中でも周りを想像できる。病院にいたら、本当に怖かったと思う。……安心だって言われても、知らない人に触られて脈とられて、おっかねえだけだよ。うちに帰ってきて本当によかった。

この女性患者からは、その後、岡部医師にとって重い意味を持つようになる「お迎え現象」の話を聞くことにもなった。「おじいちゃんがお迎えに来たんだけど、子供はまだ幼稚園に通っていて、小さいから嫌ですって追い返しました。」まだ子どもの世話をしたいので、向こう側には行きたくない、という意味だろう。それは「お迎え」の語りに出会った最初の経験だったが、岡部医師は重い意味を持つ事柄だと直感したという。

一〇「お迎え現象」の研究

「お迎え」現象が宗教と関わりが深いことは言うまでもない。「お迎え」現象に接することで、看取りに関わる医療者は宗教者の関与が欠かせないと感じることになる。岡部医師もそうだった。もともと宗教に関心が深かった岡部医師だが、「お迎え」に関わる話をたくさん聞くようになって、ますます穏やかに死に、安らかに死者を送る上で、宗教が重要だとの思いを強めていった。

在宅の看取りに集中するようになって以後、岡部医師は「お迎え」を経験する患者の言葉に注目してリサーチもしてきた。在宅で世を去った六八二人の患者の家族スタッフが行ったアンケート調査では、「お迎え」体験があったとの答えが、四二・三パーセントに達したという。

例えば、七五歳の女性はこんなふうに語った。

「かあちゃん」のお迎えが来る。「ヨシコ、そんなにつらい思いをしてるんだったら、こっちさ来い」と言われて行ってしまいそうになる。」「また別の日には、モンペ姿の母親が出てきて、「おいでおいで」、「苦しいのか、抱っこしてあげる、こっちにおいで」と言った。しかし、別なときにはおいでとは言わず、「まだ早いよ、来るのは早い」と言う。

若い人でも「お迎え」に切実な関心を持つ人がいる。がんが骨転移していた三〇代後半の男性の場合、「お迎えが出てこない、出てこない」と悩んでいた。そこで、岡部医師はこう言ったという。

お迎えが来てほしいと言いながら、あの世にここを登録したのか。仏壇があるんだったら、仏壇にちゃんとお供えするなり、あの世の人と話をしないとだめだろ。話をして、ここにいますよ、と言わなかったら、向こうだってわかりようがないだろ？

岡部医師は「医者として言えるのはそこまでだった」と記している。ここに宗教者の出番があるということでもあるだろう。東日本大震災の犠牲者の死をどう受け止めるか、どのように死者との関わりを持つのか、といった問題が重い意味を持つことが確認された。そのことにも促され、岡部医師は臨床宗教師の養成のために残された力をふりしぼるようになった。

これは岡部医師自身ががんを病んでおり、自らの死が近いことを知っていたことと関わりが深い。そして、死が近い岡部氏は「お迎え現象」についてもしばしば述べていた。自らの死が近づいたと感じている人が、死者が自分を迎えに来ているという夢や幻や直感を持つというのだ。このように常識を超えた「向こう側」の気配を濃厚に感じるようになった人が、宗教者の言葉を聞きたいと思うのは自然だ。岡部医師はそう考えていた。

一一　闇へ下りていくという感覚

自分自身の死を強く意識したり、身近な他者の死に立ち会ったりして死に直面すると、この世を越えた領域に踏み込まざるをえない。死者の霊と交流したり、生者の霊の思わぬ出現を感じ取ったりする。それは宗教の教えに反するとしてはねつけるという考え方もあるだろうが、それを受け止めることこそ宗教者の役割だという考え方もある。岡部健医師はそのような考え方を支持していた。

二〇一一年八月の高野山医療フォーラムの講演で、岡部医師は次のように述べている。

人が亡くなっていくときにある「闇へ下りていく」という感覚です。山道を上がっていって、右側には生きている世界があり、左側には死んでいく世界がある。死は自然現象だから仕方がありません。ところが、今の医療は緩和ケアをふくめて、右側の生きていく手立ての情報だけが大量にあるのです。／死は常に不合理で非条理なものです。不合理で非条理なものをきちんとマネジメント、ケアできるようなシステムといったら、やっぱり宗教性なのではないか。宗教側の知恵の蓄積をちゃんと受けとめないとやれないというのが、ひとつの自分の罹患体験の中で感じたことです。（『故岡部健先生追悼緊急シンポジウム報告集「医師　岡部健が最後に語ったこと」』二〇一四年、一一頁）

二　「臨床宗教師」の構想

「自分の罹患体験」というのは、岡部氏自身のがんのことを指している。そのがんで亡くなる二ヶ月前の二〇一二年九月三日、岡部医師は次のように記していた。

私は、医師としてここ二〇年近く、在宅での緩和ケアと看取りに取り組んできました。終末期の患者さんに接して、どうしても「スピリチュアル」（霊的）な悩みにお応えすることが大切であると感じていましたが、それは医師の領域を超えるもので、どのように対処してよいか悩んでおりました。

また私自身、一昨年に胃と肝臓にがんが見つかり、「予後一〇か月」と宣告されたときは高い山の痩せ尾根を歩いているような気持でした。そのとき、右側の生につながる方はたくさんの道しるべがあって明々としていましたが、その反対側には一筋の道も一灯の道しるべもなく真っ暗の闇が広がっているばかりでした。（同前、巻頭）

このような岡部氏自身の体験にも突き動かされて、岡部医師は「臨床宗教師」の構想に向けて動いた。「日本型チャプレン」として「臨床宗教師」を育てようというものだ。そのために、「実践宗教学寄附講座」の開設を東北大学に働きかけることとなった。そして二〇一二年四月に東北大学大学院文学研究科で同講座が開講するに至った。

実は今、引用している岡部医師の文章は、「「実践宗教学寄附講座」への支援のお願い」という寄附依頼のための短文からのものである。この文章で「臨床宗教師」とか「日本型チャプレン」というとき、岡部氏が念頭に置いているのは、まずは伝統仏教教団の僧侶である。

戦後の日本では、宗教や死生観について語り、この暗闇に降りていく道しるべを示すことのできる専門家が死の現場からいなくなってしまいました。やはりスピリチュアリティの領域は、千年、二千年の長い研鑽と実践の歴史を持っている宗教者の分野かと思います。人が死に向かい合う現場に医療者とチームを組んで入れる、日本人の宗教性にふさわしい日本型チャプレンのような宗教者が必要であろうと考えてきました。（同前）

岡部健医師の執念とも言える「臨床宗教師」の具体化は、岡部氏の最期を見届けながらスタートした。特に重要なのは最初の、「傾聴」と「寄り添い」ということだろう。それは僧侶のような宗教者にとって新しい姿勢を取ることを意味する。

自分の宗教宗派の教義や世界観を前提として対象者に接するのではなく、まず相手の声を真摯に聴き、悲嘆を受け止め、自然に顕われてくる宗教性を尊重することの重要性を学び、それぞれを現場での実践やグループワークを通じて体得することを目指す。

ケアを提供する側が主体なのではなく、むしろケアを提供される側の主体性を尊ぶということになる。相手の側から現れ出てくるものを尊重する。自ずからその中に宗教性、あるいは霊性（スピリチュアリティ）が宿っている。それを分かち合い、育てていくということだ。分かち合うというときは一対一の関係だけではなく、グループによるものも考えられている。異なるものの出会いを避けるのではなく、むしろ歓迎する。

苦しむ者、悲しみに耐えている者が語り出すのを待つ。そのための機会を作っていく。それが相手の力の回復につながるという考えだ。だが、その背後に宗教者の堅固な信仰が必要だ。宗教者ではなく研究者でありつつ、臨床宗教師の必要性を強く説いた岡部医師のこの考え方は、宗教者と研究者の新たな連携のあり方を身をもって示したものと言えるだろう。

〈付記〉

この稿は、拙稿「社会に関わっていく仏教——東日本大震災と仏教の力」（『在家仏教』七五二号、二〇一五年）と重なる部分が多い。

〈参考文献〉

エフエム仙台編『ラジオ「カフェ・デ・モンク」』（心の相談室、二〇一二年）
奥野修司『看取り先生の遺言——がんで安らかな最期を迎えるために』（文藝春秋、二〇一三年）
心の相談室編『故岡部健先生追悼緊急シンポジウム報告集「医師　岡部健が最後に語ったこと」』（心の相談室、二〇一

四年）
島薗　進「宗教者と研究者の連携」（稲場圭信・黒崎浩行編『震災復興と宗教』（叢書　宗教とソーシャルキャピタル　第四巻）明石書店、二〇一三年）

第四章　宗援連の歩み

黒崎浩行

一　発足の経緯

宗教者災害支援連絡会（宗援連）は、二〇一一年三月一一日に発生した東日本大震災において、さまざまな宗教者・宗教団体が救援・支援に駆けつける中、互いに情報を共有して、支援の現場で発生している問題についての認識を深め合い、より有効な活動にしていくことを目的として、同年四月一日に発足した。

阪神・淡路大震災での支援活動の経験を持つ岡田真水氏（当時、岡田真美子・兵庫県立大学教授。現在、兵庫県立大学名誉教授、日蓮宗妙興寺）は、三月一二日に「村つぎリレープロジェクト」という、地域ＳＮＳを活用して支援物資を送る取り組みを始めていた。そこから「二〇一一神仏ネットワーク」と仮称される構想が生まれた。これは各地の宗教施設を中継地点とした物資支援や、原発事故による避難区域からの避難者の迎え入れを、宗教者の連携により実現しようというものであった。蓑輪顕量氏（東京大学教授）、島薗進氏（当時、東京大学教授。現在、上智大学教授）らに賛同を募り、さらに宗教界の代表者や宗教研究者に広く呼びかけて、正式名称として「宗教者災害支援連絡会」が発足することになった。

一方、稲場圭信氏（当時、大阪大学准教授。現在、大阪大学教授）は、「宗教の社会貢献活動」に関する共同研究を行ってきたメンバーらに協力を呼びかけて、三月一三日にフェイスブック（Facebook）上に「宗教者災害救援ネットワーク」のページを開設し、宗教界の協力を得つつ、救援・支援活動についてインターネット上で情報共有を行う試みを始めていた。同時に、支援活動情報を地図上にプロットする「宗教者災害救援マップ」も構築、三月一九日に公開した。

この間すでに多くの教団が支援活動を行い、またインターネット上でも情報を発信していたが、それらを宗教界のみならず一般市民の目に見えるかたちで横断的につなぐことが、有効な支援を広げるために必要であると考えての動きであった。

二　発足〜第一回情報交換会

四月一日、全日本仏教会（東京都港区）の会議室で宗教者災害支援連絡会が発足した。仏教、キリスト教、教派神道、新宗教の各連合組織の代表者や幹部、宗教研究者らが賛同人となり、島薗進氏が代表に選ばれた。また、岡田氏によりホームページが構築、公開された。

そして次のような趣旨文が採択された（同年一〇月に一部改訂）。

三月一一日の東北関東大震災（東日本大震災）はマグニチュード九・〇という巨大な地震、それに続く町や村を飲み込む津波、そしてさらに原発事故と重なる重荷となって東日本の人々に降りかかりました。被害は甚大です。多方面からの支援活動が続けられていますが、今後もその継続発展が望まれるところです。

宗教界もそれぞれの仕方で被災者支援に力を注いできています。そこで、宗教者による被災者支援の情報を提供し合い、その働きを拡充する仕組みを作ってはどうかという声が上がりました。それを受けて四月一日に立ち上がったのがこの宗教者災害支援連絡会です。

宗教教団が教団組織として行う支援も、個々の宗教者グループがそれぞれに行う支援もさらに活性化していきたいものです。この宗教者災害支援連絡会は多様な試みの情報をつきあわせ、お互いの経験から学びあう、宗教、宗派を超えた宗教者の連絡組織として、被災者や避難者の助けとなることを目指します。

当初、避難受け入れを中心にと考えてきましたが、被災地での支援の方に力点が移っています。しかし、必ずしも被災地に赴かずとも、それぞれの場で行える支援もあります。すでにそれぞれの場で進めてこられた取り組みをネットワークでつなげ、より強力にかつより柔軟にニーズに応じていこうという考えです。また、宗教界以外の方々との緊密な協力なしには、このような支援が円滑にできるはずもありません。宗教者に限らず広く情報交換を進めていきたいものです。

なお傷跡は深く、復興の道のりは容易でないことが予想されます。未曾有の災害からの復興にお互いの力を出し合って、被災者の助けとなりながらともに歩み、悲しみを力へと変えていくような支援ができますことを願っています。

趣旨文にあるように、当初念頭に置かれたのは、原発事故による広域避難者の受け入れをつなぐことであった。いくつかの教団が避難者の受け入れを表明し、開放する宗教施設の情報を公開していたが、実際に避難者につなぐためには行政や市民団体などとの連携が必要であった。その橋渡しを行うことが期待されていた。

四月二三日に東京大学仏教青年会ホール（東京都文京区）で開かれた第一回情報交換会では、浄土宗東漸寺（千葉県松戸市）での避難者受け入れの事例報告が鈴木悦朗住職よりなされた。また、天理教本部（奈良県天理市）での大規模な避難者受け入れについて、西尾典和氏（天理教信者部運営課）が報告した。

だが次第に、そのほかのさまざまな支援活動について多くの情報が交換されるようになっていった。五月二二日に開かれた第二回情報交換会では、被災地支援、避難・疎開受け入れの促進、心のケアというテーマごとに参加者が分かれて情報交換するという分科会形式が取られた。その後は、途中にやや長めのコーヒーブレイクを交えつつ、約一時間の報告と質疑応答を重ねるというスタイルが定着していった。

取りあげられるトピックは、瓦礫撤去作業、避難所・仮設住宅への物資支援・慰問活動、心のケア・傾聴活動、避難所となった宗教施設、原発事故被害地域に住む子どもたちの保養プログラム、信教の自由・政教分離と災害支援、被災地での祭り、合同慰霊祭、被災地の宗教文化の映像記録など多岐にわたっている。震災後二年を経た二〇一三年以降はとくに「長期的な支援」に焦点を当てた報告を心がけている。

そのほか、国際宗教研究所、東京大学、東北大学、大正大学、教派神道連合会、全国青少年教化協議会、NPO法人人間の安全保障フォーラムなどとの共催シンポジウム企画も行ってきた。二〇一三年九月には、第一〇回アジア太平洋パストラルケア・カウンセリング学会・第六回日本スピリチュアルケア学会合同学術大会が東北大学で開催されるのを機に、「東日本大震災での各宗教団体の支援活動」と題する、一九の団体によるパネル展示企画に協力した。

三　被災者の心のケア——精神保健との知見の共有

宗援連の発足と同じころ、宮城県では宮城県宗教法人連絡協議会、仙台市仏教会、仙台キリスト教連合が協力して「心の相談室」を開設し、宗教者有志による仙台市の葛岡斎場での合同慰霊・追悼、遺族の心のケアの取り組みが始まっていた。その事務局長を務める鈴木岩弓氏（東北大学教授）が第二回情報交換会でその動きを報告した。

また、六月一九日に開催された第三回情報交換会では、谷山洋三氏（臨床スピリチュアルケア協会事務局長）が「宗教者による「心のケア」のあり方について」と題し、行政や専門職、他宗教と連携しつつ被災者のスピリチュアル・ケアおよびグリーフ・ケア、宗教的サービスを担いうる「チャプレン」の人材育成が必要なことを訴えた。のちに谷山氏は二〇一二年四月に開講された東北大学実践宗教学寄附講座で准教授に就き、「臨床宗教師」養成に携わることになった。

また、情報交換会には国立精神・神経センター精神保健研究所自殺予防総合センター長の竹島正氏（現、川崎市健康福祉局障害保健福祉部）がほぼ欠かさず参加し、第一六回情報交換会（二〇一三年八月二九日開催）において、精神保健の立場から、被災者の心のケアにおける宗教者との連携を提言した。関連して、同じ回では福地成氏（みやぎ心のケアセンター）、第二〇回（二〇一四年八月二七日開催）では新垣元氏（医療法人「卯の会」理事長、精神科医）が関連する報告を行っている。

四　宗援連発の提案と行動

宗援連は十数名からなる世話人が運営について協議しながら活動を進めている。そのなかで、さまざまな宗教者・宗教団体の支援活動の情報を交換することにとどまらず、宗援連発の提案や行動を試みようという動きも生じた。

その一つが「追悼のとき」の提案であった。月命日にあたる毎月一一日、震災発生時刻である午後二時四六分に、震災の死者を悼む時間を設けることを呼びかけるものである。蓑輪顕量氏の起草による呼びかけ文は次の通りである。


東日本大震災によって命を落とされた方々の冥福を祈る、「追悼のとき」を設ける
さる三月一一日に多くの方が予想もしていなかった巨大地震が東北地方の東方沖を震源として発生致しました。地震の発生後に襲った大津波により、多くの方々が罹災し、一万五千人を超える方々が命を落とされました。自然災害とはいえ、これ以上の痛ましいことはありません。

人の子として生まれれば、親の期待を一心に背負い、また幼少から将来への夢を抱き、人生に対する希望を語っていた方々もおられましょう。子や孫のため、あるいは知人、友人のために日々、務めにはげみ、心を砕いておられた方もおられましょう。そのような方たちの尊い命が、今回の大震災により、一瞬にして消え去りました。身近な方を突然に失った悲しみは、如何ばかりかと想像するに余りあります。

今回の大地震、大津波に命を落とされた方々は、誰一人としてかくも早く自分が命を落とすとは想像すらしていなかったことと思います。将来への夢や日常の幸せを、一瞬にして断絶させられた人々の無念の思いに、私たちの心も深く悲しみを禁じ得ません。此のたびの大震災がなければ、数えきれない喜び、楽しみ、そして小さな幸せがあったのではないかと思うと、断腸の思いで胸がふさがる思いです。

しかしながら、大震災を生き延びた者たちにとって、苦しみの中に不幸にも命を落とされた方々のご冥福を祈り、その方々の魂を鎮めることは、私たちが忘れてはならない務めであると信じます。さらに

は、人知を超えた自然の脅威にも、思いを馳せる必要がありましょう。

このようなことに鑑み、私たちは東日本に大地震の起きた三月一一日に因み、毎月一一日の日に（時間は問いませんが、大地震の発生した一四時四六分を第一の候補といたします）、東日本大震災によって命を落とされた方々の冥福を祈る、「追悼のとき」を設けることを提案いたします。

多くの方々が、亡くなられた方々に思いを馳せ、哀悼の意を表するとともに、少しでもこのような災害の悲しみが癒され、一日も早く、被災地の復興が成し遂げられることを願ってやみません。

また、原発事故の被害地域で除染作業や仮設住宅への訪問活動などを行う「シニアボランティア」が提案され、二〇一二年には三回、二〇一三年に一回、実施された。二〇一二年の活動は曹洞宗災害復興支援部現地支援拠点本部（代表・久間泰弘氏）、NPO法人TEAM二本松（代表・佐々木道範氏）らの現地コーディネートを受け、世話人のほか立正佼成会杉並教会、世界救世教鎌倉教会のメンバーが参加した。二〇一三年一一月一日では、福島県南相馬市小高区・曹洞宗同慶寺（田中徳雲住職）の檀家さんたちによる境内清掃に、カリタスジャパン原町ベースのスタッフ、ボランティアとともに協力させていただいた。

そして、東日本大震災の経験を踏まえて今後の災害に備える宗教者・宗教団体の取り組みについても提案、行動を始めている。これについては第三部第一、二章を参照していただきたい。

〈参考文献〉
蓑輪顕量「宗教者災害支援連絡会の発足と歩み」（『大法輪』第七八巻第一〇号、二〇一一年一〇月）一七九―一八三頁
島薗　進「宗教者と研究者の連携」（稲場圭信・黒崎浩行編『震災復興と宗教』（叢書　宗教とソーシャル・キャピタル第四巻）明石書店、二〇一三年）一五九―一七八頁

宗教者災害支援連絡会の情報交換会・シンポジウム・共催企画でご報告をいただいた方々

（二〇一一年四月―二〇一六年五月／五十音順／敬称略／肩書きは原則として報告当時の本人申告に基づくもの）

青原さとし（ドキュメンタリー映像作家）／赤川恵一（立正佼成会）／秋田光彦（浄土宗大蓮寺住職／應典院代表）／浅井伸行（創価学会）／朝岡勝（日本同盟基督教団震災復興支援本部事務局長）／渥美公秀（大阪大学／（特）日本災害救援ボランティアネットワーク理事長）／アニース・アハマド・ナディーム（日本アハマディア・ムスリム協会）／阿部明徳（下谷神社宮司）／新垣元（医療法人「卯の会」理事長／精神科医）／池田奈津江（弥生神社）／石井光太（作家）／磯村健太郎（朝日新聞記者）／板井正斉（皇學館大学）／稲垣博史（東日本大震災救援キリスト者連絡会現事務局長／牧師）／稲場圭信（大阪大学）／井上ウィマラ（高野山大学）／岩村義雄（神戸国際支縁機構代表）／魚尾和瑛（浄土宗／大正大学大学院）／大石眞（京都大学）／太田一郎（真如苑）／大滝晃史（新日本宗教団体連合会青年会事務局長）／尾角光美（一般社団法人リヴオン代表）／岡田真美子（兵庫県立大学名誉教授）／小田道雄（石巻市雄勝町・新山神社宮司）／尾身茂（独立行政法人 地域医療機能推進機構理事長）

懸野直樹（野宮神社宮司）／葛西賢太（宗教情報センター）／片山統久（真如苑社会交流部社会交流課SeRV係）／金沢豊（浄土真宗本願寺派教学伝道研究センター）／金子昭（天理大学おやさと研究所）／金子良事（法政大学）／金田伊代（神主さんと京の社を巡ろうの会代表）／金田諦應（曹洞宗通大寺住職／カフェ・デ・モンク マスター）／鹿野融完（徳恩寺住職）／鎌田東二（上智大学グリーフケア研究所）／上川泰憲（四方僧伽／北海道・孝勝寺副住職）／川上直哉（日本基督教団仙台市民教会主任担任牧師／心の相談室室長補佐）／川村一代（ライター／若一王子宮）／神田裕（カトリック司祭／NPO法人たかとりコミュニティセンター代表）／木ノ下秀俊（真宗大谷派）／北村敏泰（中外日報社）／久間泰弘（全国曹洞宗青年会災害復興支援部顧問兼災害復興支援部アドバイザー／福島県伊達市龍徳寺住職）／清野和彦（神職／『三月一〇日』制作室）／ティム・グラフ（ドキュメンタリー映画監督／東北大学大学院／ハイデルベルク大学大学院）／黒崎浩行（國學院大學）／黒住宗道

（ＷＣＲＰ日本委員会理事／黒住教副教主）／結柴依子（真宗大谷派／福島こども保養基金代表）／古賀東彦（シャンティ国際ボランティア会岩手事務所長・山元事務所長）／玄侑宗久（作家／福聚寺住職）

阪井健二（大阪府・土生神社宮司）／佐々木道範（二本松市・真宗大谷派真行寺住職）／佐々木るり（真宗大谷派真行寺住職夫人／同朋幼稚園教諭）／佐々本尚（ｔｅｒｒａねっと福井代表／真宗大谷派専光寺）／佐藤健一（元気仙沼市総務部危機管理監兼危機管理課長）／自覚大道（シャンティ国際ボランティア会）／篠原祥哲（世界宗教者平和会議ＷＣＲＰ仙台事務所長）／島薗進（上智大学グリーフケア研究所）／嶋田洋（金光教東京センター）／ディン・シャムスディーン（ムハマディア会長／アジア宗教者平和会議（ＡＣＲＰ）実務議長）／東海林良昌（浄土宗総合研究所研究員／宮城県塩竈市浄土宗雲上寺副住職／浄土宗青年会東北ブロック常務理事／全国浄土宗青年会参与）／城島光力（元代議士／元財務大臣）／白鳥孝太（シャンティ国際ボランティア会気仙沼事務所代表）／鈴木岩弓（東北大学）／鈴木悦朗（千葉県松戸市浄土宗東漸寺）／鈴木哲司（熊野神社）／鈴木悠紀子（ＧＬＡ総合本部広報部次長）／関戸尭海（立正大学日蓮教学研究所）

竹島正（川崎市健康福祉局障害保健福祉部担当部長）／武山孝行（扶桑教震災復興支援対策事務所所長）／田代志門（東京大学）／高橋一世（気仙沼市浄念寺住職）／高橋和義（東日本大震災救援キリスト者連絡会次期事務局長／牧師）／高橋伸実（ボランティア団体「ひのきしん」代表）／田中徳雲（福島県南相馬市・同慶寺住職）／田中真人（金光教首都圏災害ボランティア支援機構）／田中元雄（金光教大崎教会教会長／金光教首都圏地震等災害ボランティア支援機構代表者）／谷山洋三（東北大学）／茅野俊幸（シャンティ国際ボランティア会専務理事）／辻雅榮（金沢市寶泉寺）／ピエール・アンドレ・ドマス（ＷＣＲＰハイチ委員会委員長／カリタスハイチ会長）

中村瑞貴（愚鈍院住職）／鍋島直樹（龍谷大学）／西道典（男山八幡神社宮司／ＮＰＯ法人南相馬こどものつばさ理事長）／西尾典和（天理教信者部運営課）／西川勢二（真如苑東日本大震災復興支援センター責任者）／西舘勲（岩手県神社庁長）／西出勇志（共同通信社長崎支局長）／布山真理子（日本同盟基督教団）

長谷川正浩（長谷川法律事務所／全日本仏教会顧問）／林心澄（真言宗豊山派清水寺住職／東電原発事故被災寺院復興対策の会事

務局長）／林里江子（カトリック／ＣＬＣ被災地支援デスク　ＦＡＣＥ　ＴＯ　ＦＡＣＥ）／ハールーン・クレイシー（マスジド大塚）／平澤勇一（天理教福島教区長／天理教磐城平大教会長）／福地成（みやぎ心のケアセンター）／福山哲郎（前内閣官房副長官／参議院議員）／藤波祥子（宮城県・八重垣神社宮司）／北條悟（浄土真宗本願寺派）／保科和市（立正佼成会教務局社会貢献グループ次長）／星野英紀（大正大学理事）／星野壮（大正大学非常勤講師）／堀江宗正（東京大学）／堀尾正靭（龍谷大学）

松山宏佑（昌林寺住職）／馬目一浩（浄土宗）／三浦正恵（玄松院住職）／御手洗隆明（真宗大谷派教学研究所）／蓑輪顕量（東京大学）

山根憲次（世界救世教鎌倉教会）／山根幹雄（創価学会宮城県男子部長・宮城復興プロジェクトリーダー）／湯浅誠（社会活動家／法政大学教授／元内閣官房震災ボランティア連携室長）／吉田叡禮（花園大学／臨済宗妙心寺派牟禮山観音寺住職）／吉田俊雄（ＮＰＯ法人カリタス釜石監事／小さな森東京代表）／吉田律子（サンガ岩手代表）／吉水岳彦（ひとさじの会）

ランジャナ・ムコパディヤーヤ（デリー大学）

渡辺一城（天理大学）／渡辺順一（支縁のまちネットワーク共同代表／金光教羽曳野教会長）

あとがき

東日本大震災が発生した二〇一一年（平成二三）三月一一日から数えて、早五年の歳月が流れた。震災直後、何かしなければと思わなかったものは、誰一人としていなかったはずである。それは、研究者も同様であった。島薗進先生を中心として宗教研究者と宗教者が、同年三月下旬に増上寺明照会館に集って支援活動の会議を行い、翌四月に、仏教、キリスト教、新宗教など宗教の区別なく、その代表的な立場の方々が集まり、情報を交換し合う任意の団体、「宗教者災害支援連絡会」が発足したのであった。研究者と、社会の現場で活躍している宗教者とが、情報交換会を開き、協力し合って、情報をつなぎ、災禍の渦中にいる人々を支援しようとの試みは、すでに五年を経過した。

これを期に、活動を通して得られた現場の体験の知慧を、次の災害への備えにしようと、本の出版が企画された。まずは今回の出版の意義を認めてくださり、執筆を快く引き受けてくださった数多くの現場の宗教者の方々に、心から感謝したい。折しも校正をお願いする最中に、熊本の大地震が発生し、そちらの支援と重なってしまった方も多かったのではないかと危惧しているが、それにも関わらず迅速に対応していただいたことに、お礼を申しあげる。

執筆を快諾してくださった方々以外にも、それぞれの体験の中から見いだした知慧を持っていた多くの宗教者がいらっしゃったと思われるが、今回、その叡智を世に出すお手伝いができなかったことは、ひとえに私たち研究者の責任である。とはいえ、情報交換会の中で見えてきた問題点は、研究者の視点から、解決への道筋を示し得た部分もあったのではないかと自負している。

さて、最後に、刊行に向けて手を差し伸べてくれたのが春秋社であった。まずは神田明会長、澤畑吉和社長、佐藤清靖編集長、編集部の豊嶋悠吾氏に感謝の意を表したい。また、全国の社会福祉協議会等にも配布して役立てていただくことを考えている。そのために協力を申し出てくれている各方面の方々にも、この場を借りて、お礼を申し述べておきたい。

一人でも多くの被災者の方々が一日でも早く日常に戻れるよう、支援の手が届き、少しでも行政の方も宗教者の方も、垣根なく協働できるようになるのであれば、この本を刊行したことの意義があったことになる。私たち責任編集者一同、このことを願ってやまない。

二〇一六年五月吉日

責任編集者　蓑輪顕量
稲場圭信
黒﨑浩行
葛西賢太

西川勢二（にしかわ・せいじ）
1948年佐賀県生まれ。東京大学農学系研究科を経て、真如苑事務局入局。現在は教団の教務長補佐。その間、高齢者福祉のユニベール財団、阪神淡路大震災の発災時には、真如苑の救援ボランティア SeRV（Shinnyo-en Relief Volunteers）の立ち上げに関わる。2011年3月の東日本大震災にあたっては、教団の対策本部の責任者を務めた。

《第二部》

井上ウィマラ（いのうえ・うぃまら）
1959年山梨県生まれ。京都大学文学部中途退学。現在、高野山大学教授。2011年 Japan Disaster Grief Support project 立ち上げメンバー。訳書『呼吸による癒し』（春秋社）、著書『呼吸による気づきの教え』（佼成出版社）、共著『スピリチュアルケアへのガイド』（青海社）、編著『仏教心理学キーワード事典』（春秋社）など。

大石　眞（おおいし・まこと）
1951年宮崎県生まれ。東北大学法学部卒業。現在、京都大学総合生存学館（思修館）教授。主著に『権利保障の諸相』（三省堂）、『憲法講義Ⅱ〈第2版〉』『憲法講義Ⅰ〈第3版〉』『憲法秩序への展望』『日本憲法史〈第2版〉』『憲法と宗教制度』（以上、有斐閣）、『憲法史と憲法解釈』『立憲民主制』（以上、信山社）、『議院法制定史の研究』『議院自律権の構造』（以上、成文堂）などがある。

島薗　進（しまぞの・すすむ）
1948年東京都生まれ。東京大学大学院博士課程単位取得退学。現在、上智大学大学院教授。2011年4月1日より「宗教者災害支援連絡会」の代表を務める。著書に『日本人の死生観を読む』（朝日新聞出版）、『いのちを“つくって”もいいですか？』（NHK出版新書）、編著に『シリーズ日本人と宗教』（春秋社）など。

金沢　豊（かなざわ・ゆたか）
1980 年京都府生まれ。龍谷大学文学研究科博士課程修了。龍谷大学世界仏教文化研究センター博士研究員。博士（文学）。中観思想の文献学と、教誨師、平和問題など現代における宗教的課題研究に取り組み、東日本大震災復興支援活動では岩手県陸前高田市の仮設住宅訪問活動に従事している。

茅野俊幸（ちの・しゅんこう）
1966 年東京都生まれ。駒澤大学仏教学部卒業。1995 年阪神淡路大震災以降、災害支援活動に関わり、現在の NGO 公益社団法人シャンティ国際ボランティア会の国内事業課長、事務局長を経て、専務理事として海外の教育支援、国内災害支援の活動を統括しながら、瑞松寺（長野県松本市）住職として僧職の仕事に従事する。

大滝晃史（おおたき・てるふみ）
1974 年東京都生まれ。立正大学仏教学部卒業。一般企業を経て、新日本宗教団体連合会・大阪事務局勤務。その後、新宗連青年会事務局長に就任し、現在、公益財団法人 新日本宗教団体連合会 本部事務局／新日本宗教青年会連盟（新宗連青年会）事務局長。2011 年の東日本大震災における新宗連と新宗連青年会の被災地支援活動に携わる。

篠原祥哲（しのはら・よしのり）
1971 年東京都生まれ。1998 年英国ブラッドフォード大学大学院で平和学修士号を取得。2014 年東北大学公共政策大学院修士課程修了。現在、WCRP 日本委員会平和推進部長。2011 年 12 月より東日本大震災の復興支援のために仙台事務所所長に就任し、心のケア、地域コミュニティの再構築、社会的弱者への取り組みなどを行う。

東海林良昌（しょうじ・りょうしょう）
1970 年宮城県生まれ。東北大学文学研究科博士課程後期単位取得退学。現在、全日本仏教青年会理事長、全国浄土宗青年会参与、浄土宗総合研究所研究員、宮城県塩竈市浄土宗雲上寺副住職。東日本大震災発生時、東北ブロック浄土宗青年会理事長として支援活動に携わる。

久間泰弘（きゅうま・たいこう）
1970 年福島県生まれ。駒澤大学仏教学部卒業。大震災発生時は全国曹洞宗青年会長として災害復興支援活動に従事。現在、支援室分室主事、全国曹洞宗青年会災害復興支援部アドバイザーとして支援活動を継続。チャイルドラインふくしま事務局長兼理事。福島県伊達市龍徳寺住職。

《第一部》

渥美公秀（あつみ・ともひで）
1961年大阪府生まれ。米国ミシガン大学博士課程修了。Ph.D.（心理学）。現在、大阪大学教授。自宅のあった西宮市で阪神・淡路大震災に遭いボランティア活動に参加。これをきっかけに災害ボランティア活動の研究と実践を続ける。認定NPO法人日本災害救援ボランティアネットワーク理事長。主著に『災害ボランティア』（弘文堂）。

鈴木悦朗（すずき・えつろう）
1957年東京都生まれ。大正大学大学院修士課程修了。現在、東漸寺住職・東漸寺幼稚園園長。お寺と小学校を中心にしたまちづくり運動を開始、さらに地域の活性化のために「小金の街をよくする会」を設立し、行政との連携を図る。東日本大震災にあたっては、松戸市と連携し、いちはやく避難者を受け入れた。

阿部明徳（あべ・あきのり）
1954年東京都生まれ。國學院大學文学部神道科明階課程修了。1995年神道青年全国協議会阪神淡路大震災対策本部副本部長として復興支援を担当。その後、東京都神社庁理事(二期)、東京上野ロータリークラブ会長などを歴任。東日本大震災の支援活動にあたっては、多くの神社関係者の協力の下、個人で活動している。

辻　雅榮（つじ・がえい）
1960年和歌山県生まれ。追手門学院大学卒業。高野山真言宗寶泉寺住職。高野山本山布教師。2007年、能登半島地震をきっかけに「高野山足湯隊」を結成、代表を務める。東日本大震災では、宮城県南三陸町で足湯による傾聴ボランティアを行った。臨床宗教師、JACWAスピリチュアルケアワーカー理事。

山本真理子（やまもと・まりこ）
1980年長野県生まれ。佐久総合病院看護専門学校卒業。JA長野厚生連新町病院で勤務の後、2004年新潟聖書学院に入学。2008年日本同盟教団補教師准允。同年、日本同盟基督教団聖十字架福音教会に派遣される。2012年より、ふくしまHOPEプロジェクトコーディネーターを務める。

藤波祥子（ふじなみ・しょうこ）
1956年宮城県生まれ。國學院大學文学部神道学科卒業。1989年八重垣神社宮司拝命。2001年宮城県婦人神職協議会会長。震災当日、秋田県神社庁にて東北地区婦人神職協議会の研修に参加。一週間余り経ってやっと神社の跡地に立つ。社殿を始め境内の建造物、社務所、自宅すべて流出。現在、現地での神社再建を目指す。

執筆者紹介

《責任編集》

蓑輪顕量（みのわ・けんりょう）

1960年千葉県生まれ。東京大学大学院博士課程満期退学。博士（文学）。現在、東京大学大学院教授。「宗教者災害支援連絡会」発起人・世話人。著書に『中世初期南都戒律復興の研究』（法蔵館）、『仏教の教理形成』（大蔵出版）、『仏教瞑想論』『日本仏教史』（春秋社）ほか。

稲場圭信（いなば・けいしん）

1969年東京都生まれ。ロンドン大学大学院博士課程修了。宗教社会学博士。現在、大阪大学大学院教授。「宗教者災害支援連絡会」世話人。フェイスブック「宗教者災害救援ネットワーク」発起人。「未来共生災害救援マップ」運営者。著書に『利他主義と宗教』（弘文堂）、『震災復興と宗教』（黒﨑浩行と共編著、明石書店）ほか。

黒﨑浩行（くろさき・ひろゆき）

1967年島根県生まれ。大正大学大学院博士後期課程単位取得満期退学。現在、國學院大學神道文化学部教授。「宗教者災害支援連絡会」世話人。仮設住宅傾聴訪問活動、震災復興と神社神道についての調査研究を行う。著書に『震災復興と宗教』（稲場圭信と共編著、明石書店）

葛西賢太（かさい・けんた）

1966年東京都生まれ。東京大学大学院博士課程終了。博士（文学）。現在、宗教情報センター研究員。上智大学グリーフケア研究所にて、グリーフケアの担い手（災害被災者・事故遺族への傾聴者）育成に従事。「宗教者災害支援連絡会」世話人。著書に『断酒がつくり出す共同性』（世界思想社）、『ケアとしての宗教』（明石書店）、井上ウィマラ他との共編『仏教心理学キーワード事典』、『現代瞑想論』（以上、春秋社）ほか。

《編集協力》

魚尾和瑛（うおお・たかあき）

1985年東京都生まれ。大正大学大学院博士後期課程宗教学専攻在中。現在、「宗教者災害支援連絡会」事務局、静岡県願成寺副住職。修士論文執筆の折、1958年の狩野川台風の際に地元の僧侶が身元の確認から火葬前の読経など様々な役割を持っていたことを聞き、災害時の宗教者の役割、特に読経などの儀式の役割について興味を持つ。

災害支援ハンドブック——宗教者の実践とその協働
2016年6月15日　第1刷発行

編　　者＝宗教者災害支援連絡会
責任編集＝蓑輪顕量／稲場圭信／黒崎浩行／葛西賢太
発 行 者＝澤畑吉和
発 行 所＝株式会社春秋社
〒101-0021　東京都千代田区外神田2-18-6
電話　03-3255-9611
振替　00180-6-24861
http://www.shunjusha.co.jp/
印刷・製本＝萩原印刷株式会社
装　　幀＝美柑和俊＋中田薫
ISBN 978-4-393-20901-1　Printed in Japan
定価はカバーに表示してあります。